Posse
de Direitos Pessoais

EDITORA AFILIADA

"O livro é a porta que se abre para a realização do homem."
Jair Lot Vieira

Rui Barbosa

Posse
de Direitos Pessoais

POSSE DE DIREITOS PESSOAIS
RUI BARBOSA

1ª Edição 2008

Supervisão editorial: *Jair Lot Vieira e Mariana Lot Vieira*
Coordenação editorial: *Júlia Carolina de Lucca*
Produção gráfica: *Alexandre Rudyard Benevides ME*
Revisão: *Júlia Carolina de Lucca e Luana da Costa Araújo Coelho* (estagiária)
Capa: *Rodrigo Ramos*

Nº de Catálogo: 1381

Dados Internacionais de Catalogação na Publicação (CIP)
(Câmara Brasileira do Livro, SP, Brasil)

Barbosa, Rui, 1849-1923.
    Posse de direitos pessoais / Rui Barbosa. -- Bauru, SP : EDIPRO, 2008. -- (Classicos Edipro)

    ISBN 978-85-7283-608-1

1. Posse (Direito) 2. Posse (Direito) – Brasil I. Título. II. Série.

07-6767   CDU-347.251(81)

Índices para catálogo sistemático:
1. Brasil : Posse : Direito civil : 347.251(81)

edições profissionais ltda.
São Paulo: Fone (11) 3107-4788 – Fax (11) 3107-0061
Bauru: Fone (14) 3234-4121 – Fax (14) 3234-4122
edipro@edipro.com.br

Sumário

PREÂMBULO 7

APRESENTAÇÃO 19

POSSE DE DIREITOS PESSOAIS 21
    Capítulo I 23
    Capítulo II 35
    Capítulo III 45
    Capítulo IV 57
    Capítulo V 69

Preâmbulo

Os estudos de Rui Barbosa ora republicados, originaram-se de um litígio entre professores da Escola Politécnica e o Governo. Originalmente, foram publicados em jornal diário, no ano de 1896, em cinco artigos distintos e, posteriormente, em junho de 1900, reunidos por alguns amigos do autor, em um folheto.

Por esses artigos, o autor Rui Barbosa iniciou o desenvolvimento da tese para a aplicação dos meios da proteção possessória aos direitos pessoais.

A fim de situar o leitor, é necessário lembrar que na época em que Rui Barbosa fez publicar sua opinião, fazia parte da Comissão que desenvolvia o futuro Código Civil Brasileiro (promulgado em 1916); bem como a teoria de Rudolf von Ihering despontava em todo o mundo, trazendo sustentações, para muitos, ainda polêmicas.

A maioria dos jurisconsultos brasileiros adotou, de pronto, os conceitos de Ihering, focalizando a posse jurídica na esfera da propriedade corpórea e seus desmembramentos. Todavia, Rui Barbosa os contestou veementemente demonstrando que, por influência do Direito Canônico, a posse é um exercício de um direito, seja qual for sua natureza. Documentou essa conceituação de posse no direito Português, justificando que desde o século XVI, em doutrina e jurisprudência, era aceita, tornando-se tradicional. Muito embora a tese esposada pelo autor não seja um tema de interesse prático, sua colocação no contexto das teorias da posse é plausível e deve ser estudada.

Antes, porém, vale relembrar as concepções da posse: a subjetiva e a objetiva.

Pelo sistema possessório subjetivo, conforme os ensinamentos de Ihering, quem quer que se achasse no gozo pacífico de um direito, de qualquer natureza e de qualquer espécie que fosse, em um estado de fato, devia ser protegido provisoriamente nesse gozo quando lhe fosse disputado, até que se comprovasse judicialmente que lhe não pertencia. Essa idéia de *quase-posse* deu fenomenal extensão à proteção possessória, e o próprio Ihering declarou que sua exata determinação era um problema a resolver. A posse dos direitos foi precedida pelo direito canônico e a jurisprudência dos tribunais eclesiásticos e alcançou tão extraordinária extensão que os tribunais seculares passaram a imitar os da igreja.

Foi a esse detalhe que Rui Barbosa se apegou para deslanchar sua idéia.

Por outro lado, o sistema objetivo da posse se caracteriza pela extinção do papel da vontade da posse. Não levava em conta o elemento psicológico (*animus*), considerando não ser a vontade de possuir nem o poder físico do indivíduo sobre a coisa que distingue a posse, mas, sim, o exercício de fato dos poderes correspondentes a certos direitos e, por isso mesmo, a sua exteriorização (o poder sobre a coisa manifesta-se como uma atividade correspondente ao exercício de um direito), o que nos leva à conclusão que ambas teorias, nesse ponto, se aproximam na medida em que a teoria objetiva coloca em relevância o elemento volitivo ao se concretizar e ao se manifestar no comportamento ostensivo do possuidor.

O autor colocou a lume a indagação de quais direitos poderiam ser suscetíveis de posse. Ao refletirmos sobre o tema, verificamos que se pode ter posse da coisa tanto a título de propriedade quanto a título de direito real limitado – locação por exemplo. Ou seja, é admissível a posse sobre direitos, mas há que se observar a legislação pertinente, uma vez que existem remédios outros apontados nas leis.

Mas Rui Barbosa estendeu os direitos suscetíveis de posse além da coisa. Para ele, todo direito é suscetível de posse, apoiando-se no Direito Canônico e na jurisprudência dos tribunais eclesiásticos, admitindo-se, assim, a posse em relação não só a direitos patrimoniais, mas também honoríficos, sociais e até de família; e, em contrapartida, rechaçou os conceitos do Direito Romano.

Cabe, novamente, situar o leitor à época dos fatos; agora em relação aos Direitos da Pessoa prescritos nas Constituições.

A *Constituição do Império do Brazil* – promulgada em 25 de março de 1824 – dispunha sobre o cidadão brasileiro, ao final, nas "Disposições Gerais", último artigo. Merece ilustração e leitura para se verificar que a Lei Maior não disponibilizava qualquer remédio ao cidadão:

Art. 179. A inviolabilidade dos Direitos Civis, e Politicos dos Cidadãos Brazileiros, que tem por base a liberdade, a segurança individual, e a propriedade, é garantida pela Constituição do Imperio, pela maneira seguinte.

I – Nenhum Cidadão póde ser obrigado a fazer, ou deixar de fazer alguma cousa, senão em virtude da Lei.

II – Nenhuma Lei será estabelecida sem utilidade publica.

III – A sua disposição não terá effeito retroactivo.

IV – Todos podem communicar os seus pensamentos, por palavras, escriptos, e publical-os pela Imprensa, sem dependencia de censura; com tanto que hajam de responder pelos abusos, que commetterem no exercicio deste Direito, nos casos, e pela fórma, que a Lei determinar.

V – Ninguem póde ser perseguido por motivo de Religião, uma vez que respeite a do Estado, e não offenda a Moral Publica.

VI – Qualquer póde conservar-se, ou sahir do Imperio, como lhe convenha, levando comsigo os seus bens, guardados os Regulamentos policiaes, e salvo o prejuizo de terceiro.

VII – Todo o Cidadão tem em sua casa um asylo inviolavel. De noite não se poderá entrar nella, senão por seu consenti-

mento, ou para o defender de incendio, ou inundação; e de dia só será franqueada a sua entrada nos casos, e pela maneira, que a Lei determinar.

VIII – Ninguem poderá ser preso sem culpa formada, excepto nos casos declarados na Lei; e nestes dentro de vinte e quatro horas contadas da entrada na prisão, sendo em Cidades, Villas, ou outras Povoações proximas aos logares da residencia do Juiz; e nos logares remotos dentro de um prazo razoavel, que a Lei marcará, attenta a extensão do territorio, o Juiz por uma Nota, por elle assignada, fará constar ao Réo o motivo da prisão, os nomes do seu accusador, e os das testermunhas, havendo-as.

IX – Ainda com culpa formada, ninguem será conduzido á prisão, ou nella conservado estando já preso, se prestar fiança idonea, nos casos, que a Lei a admitte: e em geral nos crimes, que não tiverem maior pena, do que a de seis mezes de prisão, ou desterro para fóra da Comarca, poderá o Réo livrar-se solto.

X – A' excepção de flagrante delicto, a prisão não póde ser executada, senão por ordem escripta da Autoridade legitima. Se esta fôr arbitraria, o Juiz, que a deu, e quem a tiver requerido serão punidos com as penas, que a Lei determinar. O que fica disposto acerca da prisão antes de culpa formada, não comprehende as Ordenanças Militares, estabelecidas como necessarias á disciplina, e recrutamento do Exercito; nem os casos, que não são puramente criminaes, e em que a Lei determina todavia a prisão de alguma pessoa, por desobedecer aos mandados da justiça, ou não cumprir alguma obrigação dentro do determinado prazo.

XI – Ninguem será sentenciado, senão pela Autoridade competente, por virtude de Lei anterior, e na fórma por ella prescripta.

XII – Será mantida a independencia do Poder Judicial. Nenhuma Autoridade poderá avocar as Causas pendentes, sustal-as, ou fazer reviver os Processos findos.

XIII – A Lei será igual para todos, quer proteja, quer castigue, o recompensará em proporção dos merecimentos de cada um.

XIV - Todo o cidadão pode ser admittido aos Cargos Publicos Civis, Politicos, ou Militares, sem outra differença, que não seja dos seus talentos, e virtudes.

XV - Ninguem será exempto de contribuir pera as despezas do Estado em proporção dos seus haveres.

XVI - Ficam abolidos todos os Privilegios, que não forem essencial, e inteiramente ligados aos Cargos, por utilidade publica.

XVII - A' excepção das Causas, que por sua natureza pertencem a Juizos particulares, na conformidade das Leis, não haverá Foro privilegiado, nem Commissões especiaes nas Causas civeis, ou crimes.

XVIII - Organizar-se-ha quanto antes um Codigo Civil, e Criminal, fundado nas solidas bases da Justiça, e Equidade.

XIX - Desde já ficam abolidos os açoites, a tortura, a marca de ferro quente, e todas as mais penas crueis.

XX - Nenhuma pena passará da pessoa do delinquente. Por tanto não haverá em caso algum confiscação de bens, nem a infamia do Réo se transmittirá aos parentes em qualquer gráo, que seja.

XXI - As Cadêas serão seguras, limpas, o bem arejadas, havendo diversas casas para separação dos Réos, conforme suas circumstancias, e natureza dos seus crimes.

XXII - E' garantido o Direito de Propriedade em toda a sua plenitude. Se o bem publico legalmente verificado exigir o uso, e emprego da Propriedade do Cidadão, será elle préviamente indemnisado do valor della. A Lei marcará os casos, em que terá logar esta unica excepção, e dará as regras para se determinar a indemnisação.

XXIII - Tambem fica garantida a Divida Publica.

XXIV - Nenhum genero de trabalho, de cultura, industria, ou commercio póde ser prohibido, uma vez que não se opponha aos costumes publicos, á segurança, e saude dos Cidadãos.

XXV - Ficam abolidas as Corporações de Officios, seus Juizes, Escrivães, e Mestres.

XXVI - Os inventores terão a propriedade das suas descobertas, ou das suas producções. A Lei lhes assegurará um privi-

legio exclusivo temporario, ou lhes remunerará em resarcimento da perda, que hajam de soffrer pela vulgarisação.

XXVII - *O Segredo das Cartas é inviolavel. A Administração do Correio fica rigorosamente responsavel por qualquer infracção deste Artigo.*

XXVIII - *Ficam garantidas as recompensas conferidas pelos serviços feitos ao Estado, quer Civis, quer Militares; assim como o direito adquirido a ellas na fórma das Leis.*

XXIX - *Os Empregados Publicos são strictamente responsaveis pelos abusos, e omissões praticadas no exercicio das suas funcções, e por não fazerem effectivamente responsaveis aos seus subalternos.*

XXX - *Todo o Cidadão poderá apresentar por escripto ao Poder Legislativo, e ao Executivo reclamações, queixas, ou petições, e até expôr qualquer infracção da Constituição, requerendo perante a competente Auctoridade a effectiva responsabilidade dos infractores.*

XXXI - *A Constituição tambem garante os soccorros publicos.*

XXXII - *A Instrucção primaria, e gratuita a todos os Cidadãos.*

XXXIII - *Collegios, e Universidades, aonde serão ensinados os elementos das Sciencias, Bellas Letras, e Artes.*

XXXIV - *Os Poderes Constitucionaes não podem suspender a Constituição, no que diz respeito aos direitos individuaes, salvo nos casos, e circumstancias especificadas no paragrapho seguinte.*

XXXV - *Nos casos de rebellião, ou invasão de inimigos, pedindo a segurança do Estado, que se dispensem por tempo determinado algumas das formalidades, que garantem a liberdede individual, poder-se-ha fazer por acto especial do Poder Legislativo. Não se achando porém a esse tempo reunida a Assembléa, e correndo a Patria perigo imminente, poderá o Governo exercer esta mesma providencia, como medida provisoria, e indispensavel, suspendendo-a immediatamente que cesse a necessidade urgente, que a motivou; devendo num, e outro caso remetter á Assembléa, logo que reunida fôr, uma relação motivada das prisões, e d'outras medidas de prevenção toma-*

das; e quaesquer Autoridades, que tiverem mandado proceder a ellas, serão responsaveis pelos abusos, que tiverem praticado a esse respeito.

Importante ressaltar, ainda nessa Constituição de 1824, a vinculação existente entre o Império e a Igreja:

Art. 5º. A Religião Catholica Apostolica Romana continuará a ser a Religião do Imperio. Todas as outras Religiões serão permitidas com seu culto domestico, ou particular em casas para isso destinadas, sem fórma alguma exterior do Templo.

Art. 95. Todos os que podem ser Eleitores, abeis para serem nomeados Deputados. Exceptuam-se: (...)

III – Os que não professarem a Religião do Estado.

Art. 102. O Imperador é o Chefe do Poder Executivo, e o exercita pelos seus Ministros de Estado. São suas principaes attribuições: (...)

II – Nomear Bispos, e prover os Beneficios Ecclesiasticos.

Art. 103. O Imperador antes do ser acclamado prestará nas mãos do Presidente do Senado, reunidas as duas Camaras, o seguinte Juramento – Juro manter a Religião Catholica Apostolica Romana, a integridade, e indivisibilidade do Imperio; observar, e fazer observar a Constituição Politica da Nação Brazileira, e mais Leis do Imperio, e prover ao bem geral do Brazil, quanto em mim couber.

Observa-se, portanto, que até então a influência eclesiástica era profunda no Império, como também em Portugal, motivo pelo qual as decisões de seus Tribunais eram seguidas pelos Magistrados de carreira. Rui Barbosa viveu e trabalhou para o Governo Imperial; natural, portanto, que tenha se esmerado em tentar manter as ordens eclesiásticas.

Olvidou-se, no entanto, que a República já era realidade e que o país vivia sob a égide da Constituição Republicana promulgada em 24 de fevereiro de 1891.

Esta Carta Magna, agora dedicando o TÍTULO IV aos cidadãos brasileiros, na seção II aponta a "Declaração dos Direitos" na qual se pode observar a preocupação em se igualar todos os cidadãos brasileiros, inclusive religiões, a desvinculação do governo com a Igreja (art. 72, §§ 4º, 5º, 7º, 28 e 29), bem como a instituição do "habeas corpus" (§ 22 do art. 72) e a preocupação com os direitos autorais (art. 72, §§ 25, 26 e 27):

Art. 72. *A Constituição assegura a brasileiros e a estrangeiros residentes no País a inviolabilidade dos direitos concernentes à liberdade, à segurança individual e à propriedade, nos termos seguintes:*

§ 1º. Ninguém pode ser obrigado a fazer ou deixar de fazer alguma coisa senão em virtude de lei.

§ 2º. Todos são iguais perante a lei. A República não admite privilégios de nascimento, desconhece foros de nobreza e extingue as ordens honoríficas existentes e todas as suas prerrogativas e regalias, bem como os títulos nobiliárquicos e de conselho.

§ 3º. Todos os indivíduos e confissões religiosas podem exercer pública e livremente o seu culto, associando-se para esse fim e adquirindo bens, observadas as disposições do direito comum.

§ 4º. A República só reconhece o casamento civil, cuja celebração será gratuita.

§ 5º. Os cemitérios terão caráter secular e serão administrados pela autoridade municipal, ficando livre a todos os cultos religiosos a prática dos respectivos ritos em relação aos seus crentes, desde que não ofendam a moral pública e as leis.

§ 6º. Será leigo o ensino ministrado nos estabelecimentos públicos.

§ 7º. Nenhum culto ou igreja gozará de subvenção oficial, nem terá relações de dependência ou aliança com o Governo da União ou dos Estados.

§ 8º. A todos é lícito associarem-se e reunirem-se livremente e sem armas; não podendo intervir a polícia senão para manter a ordem pública.

§ 9º. É permitido a quem quer que seja representar, mediante petição, aos Poderes Públicos, denunciar abusos das autoridades e promover a responsabilidade de culpados.

§ 10. Em tempo de paz qualquer pessoa pode entrar no território nacional ou dele sair com a sua fortuna e bens, quando e como lhe convier, independentemente de passaporte.

§ 11. A casa é o asilo inviolável do indivíduo; ninguém pode aí penetrar de noite, sem consentimento do morador, senão para acudir as vítimas de crimes ou desastres, nem de dia, senão nos casos e pela forma prescritos na lei.

§ 12. Em qualquer assunto é livre a manifestação de pensamento pela imprensa ou pela tribuna, sem dependência de censura, respondendo cada um pelos abusos que cometer nos casos e pela forma que a lei determinar. Não é permitido o anonimato.

§ 13. A exceção do flagrante delito, a prisão não poderá executar-se senão depois de pronúncia do indiciado, salvo os casos determinados em lei, e mediante ordem escrita da autoridade competente.

§ 14. Ninguém poderá ser conservado em prisão sem culpa formada, salvas as exceções especificadas em lei, nem levado à prisão ou nela detido, se prestar fiança idônea nos casos em que a lei a admitir.

§ 15. Ninguém será sentenciado senão pela autoridade competente, em virtude de lei anterior e na forma por ela regulada.

§ 16. Aos acusados se assegurará na lei a mais plena defesa, com todos os recursos e meios essenciais a ela, desde a nota de culpa, entregue em 24 horas ao preso e assinada pela autoridade competente com os nomes do acusador e das testemunhas.

§ 17. O direito de propriedade mantém-se em toda a sua plenitude, salva a desapropriação por necessidade ou utilidade pública, mediante indenização prévia. As minas pertencem aos proprietários do solo, salvas as limitações que forem estabelecidas por lei a bem da exploração deste ramo de indústria.

§ 18. É inviolável o sigilo da correspondência.

§ 19. Nenhuma pena passará da pessoa do delinqüente.

§ 20. Fica abolida a pena de galés e a de banimento judicial.

§ 21. Fica, igualmente, abolida a pena de morte, reservadas as disposições da legislação militar em tempo de guerra.

§ 22. Dar-se-á o habeas corpus, sempre que o indivíduo sofrer ou se achar em iminente perigo de sofrer violência ou coação por ilegalidade ou abuso de poder.

§ 23. À exceção das causas que, por sua natureza, pertencem a Juízos especiais, não haverá foro privilegiado.

§ 24. É garantido o livre exercício de qualquer profissão moral, intelectual e industrial.

§ 25. Os inventos industriais pertencerão aos seus autores, aos quais ficará garantido por lei um privilégio temporário, ou será concedido pelo Congresso um prêmio razoável quando haja conveniência de vulgarizar o invento.

§ 26. Aos autores de obras literárias e artísticas é garantido o direito exclusivo de reproduzi-las, pela imprensa ou por qualquer outro processo mecânico. Os herdeiros dos autores gozarão desse direito pelo tempo que a lei determinar.

§ 27. A lei assegurará também a propriedade das marcas de fábrica.

§ 28. Por motivo de crença ou de função religiosa, nenhum cidadão brasileiro poderá ser privado de seus direitos civis e políticos nem eximir-se do cumprimento de qualquer dever cívico.

§ 29. Os que alegarem motivo de crença religiosa com o fim de se isentarem de qualquer ônus que as leis da República imponham aos cidadãos, e os que aceitarem condecoração ou títulos nobiliárquicos estrangeiros perderão todos os direitos políticos.

§ 30. Nenhum imposto de qualquer natureza poderá ser cobrado senão em virtude de uma lei que o autorize.

§ 31. É mantida a instituição do júri.

Ou seja, o instituto possessório foi norteado, a partir da Constituição de 1891, para os bens materiais.

Mesmo tendo sido repelida pelos então jurisconsultos da época, inclusive pelo Código Civil logo promulgado, a leitura da tese de Rui Barbosa vale, diante da sua força argumentativa. E, para os interessados na história da tradição de nosso Direito, é um calabouço conhecimento.

Agosto, 2007
Valéria Maria Sant´Anna

Apresentação

Por iniciativa de alguns amigos do autor, saem hoje a lume neste folheto os artigos em que, há quatro anos, no *Jornal do Comércio,* o Dr. Ruy Barbosa, por ocasião do litígio entre os lentes da Escola Politécnica e o governo, desenvolveu a tese que aplica os meios da proteção possessória aos direitos pessoais.

Quisera ele aditar hoje esse trabalho, corroborando a sua opinião com outros elementos e outros aspectos de que o princípio é suscetível. Mas infelizmente a ocasião não lho permitiu.

Junho de 1900

Posse de Direitos Pessoais

Capítulo I

"Em obras de jurisconsultos brasileiros de incontestável merecimento", escreve-me um ilustrado membro deste foro, em preciosa nota com que me obsequiou nesta questão, "se acha consagrado o princípio de que só cabe interdito ou ação possessória no *ius in re propria,* ou *in re aliena,* isto é, no domínio e seus desmembramentos. Mas semelhante doutrina, se pode apoiar-se no direito romano, não constitui o direito pátrio, o nosso direito consuetudinário, constante e vivo, rompe com o passado, afronta o presente, desatenta no progresso do direito: é uma heresia jurídica. E, como aqueles jurisconsultos não formaram o nosso direito, encontraram-no feito, e se limitaram a expô-lo, é consequente não poderem ser acatados os que escrevem contra ele, contra a nossa praxe ininterrupta, contra o ensinamento dos jurisconsultos pátrios, que os precederam, e foram seus mestres, uma vez que, para mudar, ou alterar o existente, não apresentam uma lei nova, em que se apoiem."

Esta é a verdade, que demonstrarei.

Não há dúvida nenhuma que, entre os romanos, a noção da posse não transpunha o círculo dos direitos reais. Além do senhorio direto e exclusivo das coisas materiais, reconheciam os grandes jurisconsultos daquela idade as consequências jurídicas da posse a certos elementos destacados da propriedade, certos direitos sobre as coisas, capazes de exercício continuado, como as servidões e, na opinião de muitos, a enfiteuse e a superfície. "O exercício desses direitos reais fracionários gera efeitos jurídicos análogos aos associados ao poder físico, assumindo também o nome de posse, a saber, posse de direitos, ou *iuris quasi possessio*."[1] Além de tais direitos, porém, subordinados ao poder físico e circunscritos às manifestações elementares da propriedade, não ia a posse ou quase-posse romana.

Mas, continua o romanista italiano, de cujas palavras acabo de servir-me, "o direito canônico e *a prática do foro* estenderam a quase-posse aos direitos episcopais, aos dízimos, *aos direitos aduaneiros e outros direitos; o que também fez o Código Civil*".[2]

Esses vestígios, que o direito canônico deixou na Itália, como nos países germânicos e na Espanha, não foram mais extensos e duradoiros em parte nenhuma do que em Portugal. Ligando ao solo o direito de exercer certas funções eclesiásticas, os cânones invertiam o princípio gestativo da posse no direito romano, onde o jus possessório nascia do solo, ao passo que, segundo a jurisprudência da igreja, era, pelo contrário, a jurisdição que firmava o poder exclusivo sobre a área territorial. Desta modificação notável na idéia da posse resultou progressivamente a sua extensão a outros direitos pessoais, cuja proteção possessória a praxe civil, em contato com a canônica, acabou por admitir. Destarte chegamos ao estado atual do direito em matéria de posse, cuja suma se define nesta observação de Ihering: "Insuperável é o abismo, que separa o poder físico e, por um lado, a coisa, por outro o exercício dos inumeráveis *direitos, que, em direito moderno, podem ser*

---

1. SERAFINI, Filippo. *Istituzioni di diritto romano.* Vol. 1, p. 220-1.
2. *Ibidem,* p. 221: *"Il diritto canonico e la pratica dei foro estesero il quasi possesso ai diritti episcopali, alie decime, ai diritti doganali e ad altre diritti pubblici, e cosi fece anche il códice civile."*

objeto da quase-posse".³ Esta é a fase atual das idéias possessórias. que o sábio jurisconsulto condensou em duas palavras, opondo à definição romana da posse como *a exterioridade* do *domínio* a sua definição hodierna como *a exterioridade dos direitos.*⁴

É, pois, no direito canônico, cuja influência histórica na legislação pátria não podem ocultar os mais decididos romanistas,⁵ a que tantas vezes se referem as Ordenações,⁶ e que durante séculos desfrutou a autoridade de subsidiário ao civil, é no direito canônico, não no romano, por ele vencido nesta parte, ao menos entre nós, que se acham as fontes imediatas da jurisprudência possessória na tradição portuguesa.

Se os juristas brasileiros, cuja opinião se quer que prevaleça, não deixassem cair das mãos o fio do direito pátrio, transviados por um romanismo que ele enjeitara, bastaria o testemunho de Corrêa Telles, o mais insigne jurisconsulto português deste século, para os preservar do erro que cometeram.

Na *Doutrina das ações,* obra, na estimativa dos mestres, sem jaça do menor erro ou descuido, ensina ele que a ação de manutenção "compete ao possuidor de qualquer coisa, ainda que móvel ou *incorporal,* contra quem o perturba na posse" (§ 190). No § 199 acrescenta que esta ação pode ser intentada "por todo aquele que tiver posse de *fazer* ou *proibir* quaisquer atos, que por direito lhe forem facultados, ainda que o lugar de os praticar seja religioso, ou público, uma vez que sofra turbação no uso dele". Ilustrando, numa nota, a extensão da fórmula enunciada na frase "posse de fazer ou proibir quaisquer

---

3. *Fondement des interdits possessoires*, IX, n° 4. Veja IHERING, Rudolf von. *Fundamento dos Interditos Possessórios.* Trad. Adherbal de Carvalho. São Paulo/Bauru: Edipro, 2007 (Clássicos Edipro).
4. *Ibidem*, p. 142 (ed. de 1882).
5. RIBAS. *Curso de Direito Civil Brasileiro.* t. 1, p. 187.
6. *Ordenação*, Liv. 2, Tít. 1, §§ 6 e 13; Tít. 5, § 4°; Liv. 3. Tít. 24, pr. e Tít. 58, § 9.

atos", observa ele: *"Até a turbação de direitos produz esta ação"*. E, para que não restasse dúvida quanto ao seu pensamento, concretiza a sua aplicação em um direito absolutamente incorpóreo, sem ligação com o solo ou a propriedade material dele: *"v.g.*, a turbação do direito do padroeiro de apresentar ao benefício quem o sirva; e basta *a posse de o ter apresentado a última vez,* se acaso a apresentação surtiu efeito, isto é, se o apresentado chegou a ser colado".

No *Digesto Português*[7] reproduz ele a mesma lição: "O possuidor de coisas *incorpóreas,* como são os direitos de *jurisdição,* de padroado, de cobrar foros, ou de exercer alguma servidão ativa, se for perturbado, pode intentar esta ação".

Almeida e Sousa, irrivalizado, entre os nossos praxistas, na erudição e na abundância da doutrina, apóia a de Corrêa Telles com subsídios copiosos.

"O uso moderno", diz ele,[8] "admite a manutenção pela posse das coisas corporais e pela quase-posse das incorporais, servidões rústicas e urbanas, etc.". A menção das servidões rústicas e urbanas é aqui meramente exemplificativa; porquanto, em sequência a esse trecho, cita o autor um de Retes, *De interdict.,* onde se estende a manutenção a todas e quaisquer coisas incorpóreas, especificando-se as prerrogativas, as precedências, as honras, os direitos de apresentação a benefícios e outras dignidades, ou funções: *"Denique usu fori ac censura pragmaticorum competit (hoc remedium) pro quibuscumque, tam corporalibus QUAM INCORPORALIBUS, IURIBUS, PRAEROGATIVIS, PRAECEDENTIIS, ET HONORIBUS, veluti præsentandi ad beneficia, suffragandi in conciliis, et aliis, etc.".*

Como se não bastara esposar esse juízo, para exprimir o seu, Almeida e Sousa explicitamente o descobre,

---

7. T. 1, nº 660.
8. *Tratado dos interditos,* § 95.

condensado neste tópico, subseqüente à transcrição: "Assim especialissimamente, e pelo uso das nações, vemos competente o remédio *retinendæ possessionis* para tudo que é possessível, *ou quase-possessível.* Seria preciso copiar aqui Menoch., *de Retinend. possessionis Remed.,* 3; Ridolfin, in *Prax. Roman. Cur.,* p. 2, c. 12; Post., *de Manut.,* obs. 10, 11 e 12; Ret., disp. 3, *de Fud. Possessor.,* c. 4, a n° 9; Strych., *infra,* para relatar *todas* as posses e *quase-posses,* pelas quais compete este remédio da manutenção. Alguns casos substanciou Guerreiro, *Trat.,* 3 e 6, cap. 43, a n° 56".[9] E, depois de reportar-se a várias monografias suas, no que respeita à quase-posse das pensões eclesiásticas, das censuárias e das enfitêuticas, remata assim: "Sobre outras posses de diversos objetos, e que muitos dos citados doutores não atingiram, se veja Pegas, t. 2, *Tor.,* c. II, e t. *7, Forens.,* c. 215 e 226".[10]

Adotado assim expressamente por Lobão o sentir desses escritores quanto à aplicabilidade do interdito *retinendæ,* já se não poderá duvidar que Almeida e Sousa o estendia não só à posse dos direitos corpóreos, ou reais, como à quase-posse dos incorpóreos e pessoais.

Releva conhecer, pois, os lances, a que esse praxista ali faz alusão, de Guerreiro, Pegas e Strychio. Antes, porém, de considerá-los, não será ocioso acompanhar, no próprio texto de Almeida e Sousa, certas adaptações do remédio possessório contra a turbação de direitos estranhos à classe das servidões e outros desmembramentos da propriedade.

No § 97 discorre ele acerca das *cartas tuitivas conservatórias da posse.* Dessa instituição dá-nos idéia clara Valasco, na consulta 79, *circa remedium possessorium cartæ tuitivæ regai, quo utimur.*[11] O célebre praxista

---

9. *Tratado dos interditos,* § 96.
10. *Ibidem.*
11. *Consultationum ac rer. iudicatar.,* t. 1, p. 178-83.

exemplifica o caráter e os efeitos dessa medida acautelatória da posse com o caso de um eclesiástico, provido e empossado em certo benefício por ato episcopal, a quem outro residente na cúria romana e posteriormente instituído por deliberação pontifícia, queria turbar no uso do seu direito, *intendebat eum in sua possessione titulata perturbare*. O rei, *viso titulo ac instrumento possessionis,* expediu a favor do impetrante carta tuitiva: "Se, presentes as partes, a que tocar, achardes que é assim o que ele diz, vós o sustentai na posse do dito benefício, e não consintais que o dito *N.*, nem outra alguma pessoa, de qualquer qualidade e condição que seja, lhe faça mal. nem força sobre a dita posse, e, querendo-lha fazer, vós não consintais, e lhe levantai logo, e tomai a dita posse, e o sustentai nela. E, se o dito *N.*, ou outra alguma pessoa, contra ele pretender haver algum direito sobre a posse do dito benefício, que o demande como e por onde deve, e ele faça de si direito".

Destarte, com ser o que era no século XVI a autoridade do santo padre, a mais alta e poderosa tanto no século como na igreja, os remédios civis possessórios eram opostos aos seus decretos, e, graças a esse amparo, a posse, estribada em uma provisão do ordinário, prevalecia, pela sua simples anterioridade, ao título fundado em letras apostólicas. Nem se me objete que se tratava ali de manifestações peculiares à função política do padroado. Este não fazia mais do que aplicar à posse de situações eclesiásticas, sob uma forma sumaríssima, o interdito usual em defesa da posse de direitos meramente seculares. É o que expressamente reflexiona Valasco:[12] "*Nihil aliud intendit rex in huiusmodi auxilio tuitivarum, quam maiore auctoritate, nempe regia, id jacere, QUOD ÍUDICES CAUTI SECUNDUM IUS COMMUNE FACERE SOLENT, quando vident, aut saltem suspicantur rixas et arma contendentium super possessione*". Eram verdadei-

---

12. *Consult.* LXXIX, nº 17, p. 181. "Suas consultas são ainda hoje apreciadas pelos que se dedicam ao estudo sério da jurisprudência" – RIBAS. *Curso de Direito Civil.* v.1, p. 375.

ros mandados de manutenção, expedidos sumarissimamente contra a turbação da posse, tanto de benefícios, como de outros direitos pessoais. A proteção, que representavam, subsistia, pendente a lide, não só em proveito de clérigos, senão também de beneficiados e leigos, com a propriedade, até, de sobrestar a execução da sentença durante a apelação, posto se não tratasse da posse de benefícios, mas de qualquer outro fato pessoal sujeito à pena religiosa da excomunhão, ou às cominações civis de privação da liberdade.

Era trivialíssimo o uso desse remédio, há trezentos anos, no reino. Atesta-o o famoso professor de *Institutas* na cadeira da Universidade de Coimbra: *"Eæ litteræ, quibus QUOTIDIE utimur in regno"*.[13] Várias disposições legislativas o consagraram: a Ordenação, Liv. 1, Tít. 3, § 6; a Ordenação, Liv. 2, Tít. 10; a Ordenação, Liv. 5, Tít. 58, § 1º; o Regimento do Desembargo do Paço, § 116. E, quase três séculos depois do autor das *Consultationes,* continuava a ser vulgar, com a mesma amplitude de efeitos, o recurso a esse meio de tuição da posse. "Elas em efeito são, entre nós", escrevia Almeida e Sousa em 1814, *"o mesmo que um mandado de manutenendo, ou o* interdito *retinendæ,* e semelhantes em grande parte ao possessório sumaríssimo".[14]

Se é certo que, mais tarde, sob o novo regime em que entrou a metrópole, discriminando-se melhor os poderes, se extinguiu, com a abolição do Desembargo do Paço,[15] essa intervenção da autoridade régia no campo judiciário, nem por isso diminui a importância do seu uso até ao primeiro quartel do século atual. Por ele solenemente se certifica o fato concludente da aplicação, em Portugal, até a época em que nos emancipamos, do interdito possessório, sob o molde das cartas tuitivas, à manutenção de direitos *incorpóreos,* que, entre os romanos, não desfru-

---

13. VALASCO. *Ibidem*, nº 2, p. 178.
14. LOBÃO. *Interditos.* § 97.
15. Lei de 22 de setembro de 1828.

tavam proteção tal. E, se esse era o direito português multissecular, se então se considerava como posse, e como posse se manutenia a retenção, ou fruição de qualquer coisa, *ou direito,* evidentemente aberraram os juristas brasileiros, mais retrógrados que o clássico advogado de Lobão, deixando o que este, no começo deste século, classificava como *"o uso moderno"*[16] velho aliás, a esse tempo, de muitas centenas de anos, para ir buscar *no uso antigo,* isto é, no uso de Roma, a limitação, que as idéias medievas e o progresso cristão já tinham rejeitado, da posse protegida unicamente aos direitos reais.

Essa era a tradição viva, nos livros dos reinícolas e na praxe dos tribunais. O recuo dos nossos jurisconsultos foi, portanto, um erro contra todas as regras da transmissão e evolução da doutrina jurídica.

Tentam apadrinhar esse imperdoável desvio com o texto da Ordenação, Liv. 3, Tít. 78, § 5º, onde se lê: "Se alguém se temer de outro, que o queira ofender *na pessoa, ou* lhe queira sem razão ocupar, e tomar *suas coisas,* poderá requerer ao juiz que segure a ele, e as suas coisas, do outro, que o quiser ofender, a qual segurança o juiz lhe dará". Mas esta tentativa é vã.

O texto citado não era desconhecido dos reinícolas, e nenhum destes, a começar pelos contemporâneos à promulgação dele, viu jamais nas palavras da Ordenação obstáculo ao uso dos interditos em defesa dos direitos pessoais. Antes o consideravam como fonte o apoio da nova doutrina; tanto que Almeida e Sousa, depois de a expender nos §§ 94 a 97 do *Tratado dos Interditos,* reproduz justamente na sua íntegra a Ordenação do Liv. 3, Tít. 78, § 5º, nos períodos supratranscritos, como quem tinha em mente autorizar o ensino dos praxistas com a invocação da palavra legislativa. Essa foi a inteligência, que sempre se deu ao texto, de que se trata. Neste sentido o entenderam os autores, e nele o praticaram os ma-

---

16. *Interditos,* § 95.

gistrados. O uso é o melhor intérprete das leis: *usus optimus interpres legum*. Já sob os romanos era defeso, em boa hermenêutica, *alterar a inteligência das leis, que tiveram sempre interpretação certa: "Minime sunt mutanda quæ interpretationem certam semper habuerunt"*.[17] Como é que, depois de séculos e séculos de praxe ininterrupta em sentido contrário, há de a interpretação de escritores brasileiros impor a um velho texto português uma significação que o ensino dos doutores e a jurisprudência dos tribunais, em Portugal, nunca admitiram?

O direito não jaz na letra morta das leis: vive na tradição judiciária, que as atrofia, ou desenvolve. Mas, na hipótese, não há contradição, não há divergência entre a praxe plurissecular e o texto legislativo, por ela comentado. A Ordenação, Liv. 3, Tít. 78, § 5º, contempla evidentemente, na idéia da posse, dois ramos distintos, bifurcados pela disjuntiva *ou:* a pessoa e as coisas; os atentados contra estas e os contra aquelas. Se se admitir que na concepção de *coisas* só cabe a propriedade, com os seus desmembramentos, na de *pessoa* se incluem inegavelmente todos os direitos pessoais.

Mas entre antigos e modernos, seja no uso comum, seja no estilo legislativo, a expressão *coisas,* quando não restrita por limitações explícitas ou implícitas, envolve, na latitude da sua acepção, todos os objetos corpóreos ou incorpóreos do direito, tudo o que se retém e possui, tudo o que se adquire e aliena. *Coisa,* na fraseologia dos civilistas portugueses, tomada à dos romanos, não traduzia esse conceito de materialidade, que lhe é peculiar na acepção mais estreita do vocábulo. Na tecnologia que as *Institutas* definiram, as *coisas* se dividiam em corpóreas e *incorpóreas,* compreendendo-se nestas *as que consistem em direitos,* como a herança, o usufruto e as obrigações de qualquer origem. *Quædam præterea RES corporales sunt, quædam incorporales. Corporales hæ sunt quæ*

---

17. "As mudanças são tão mínimas (na lei), que sempre terão interpretação correta." – PAULUS. L. 23, Dig., *de Legibus*.

tangi possunt... Incorporales autem sunt quæ tangi non possunt; qualia sunt EA QUAE IN IURE CONSISTUNT, sicut hereditas, ususfructus, obligationes quoquo modo contractæ...; nam ipsum ius utendi fruendi et ipsum ius obligationis, incorporale est.[18] Coisas eram, pois, os direitos, como as obrigações; coisas incorpóreas, mas coisas.

"Os direitos também *são coisas*", escreve um egrégio civilista brasileiro, "e se dizem *coisas incorpóreas*... Quando se diz deter uma coisa, *na generalidade da expressão coisa estão compreendidos os direitos, que também são coisas*".[19]

O próprio T. de Freitas, cuja definição restritíssima, inspirada em Bentham, elimina da noção de *coisas* não só as relações jurídicas (direitos e obrigações), como até os objetos materiais não suscetíveis de valor mensurável,[20] confessa estar em divergência com a linguagem de *todas as legislações*. Estabelecendo que se entendam por coisas "somente os objetos corpóreos", acrescenta: "Fique, portanto, em esquecimento a divisão, que fez o direito romano, *e que jazem todos os Códigos, de coisas corpóreas e coisas incorpóreas,* atribuindo à palavra um sentido amplíssimo, e fazendo-a compreender tudo quanto pode ser objeto de direitos na opinião de alguns (Maynz, *Direito romano*, § 113), ou, pelo menos, tudo quanto pode fazer parte integrante do patrimônio, na opinião de outros (Pellat, *Propriété, n° 6*, not.)".[21]

---

18. "Que são corpóreas ou também incorpóreas. Corpóreas são as que podem ser tocadas e incorpóreas as que não podem ser tocadas, tais como: heranças, usufrutos, obrigações,..." – Inst., *de rebus incorporalibus,* pr., §§ 1, 2 (II, 2).
19. SANTOS, J. Felício dos. *Projeto do Código Civil Brasileiro.* t. 3, p. 23.
20. *Esboço do Código Civil,* arts. 317 e 318.
21. *Esboço do Código Civil,* p. 213, not. ao art. 517. "Esta distinção ou divisão", continua ele, *"que os legisladores não têm podido dispensar..." – ibidem.*

E ainda: "...Por todos estes motivos tenho rejeitado a *clássica* nomenclatura de *coisas corporais* e *incorporais...*". Adiante: "Além disto, a nomenclatura romana, *herdada de todos os Códigos..." – ibidem*, p. 222. Claro está que não excluía o Filipino. A minha interpretação, pois, da Ordenação, Liv. 5, Tít. 78, § 5°, estriba, também, na autoridade de Teixeira de Freitas, como na de Felício dos Santos.

Quando, portanto, a Ordenação, Liv. 3, Tít. 78, § 5º, manda assegurar a posse àqueles a quem outrem quiser "ocupar e *tomar as suas coisas*", razão é concluir que teve em mente não só a retenção dos objetos materiais, como a dos direitos, que tanto quanto aqueles se abrangiam sob a designação jurídica de coisas. Tais raízes têm essa nomenclatura na linguagem civil, que ainda nos Códigos hodiernos se lhe descobrem por toda parte vestígios. O holandês, por exemplo, definindo, no art. 585, a posse como "a retenção ou o gozo de uma coisa", estabelece, no art. 603, o modo como se perde *"a posse* dos bens *incorpóreos".* Não obstante a sua imaterialidade, pois, isto é, o seu caráter de simples direitos, contraposto ao de realidades corpóreas, esses bens são objetos de posse. E, desde que o são, vêm a entrar, pela definição do art. 585, na categoria de coisas.

Não é, logo, de jurisconsultos a inferência, que liga à palavra *coisas,* no texto da Ordenação, o pensamento exclusivo de objetos corpóreos. Ao menos os jurisconsultos portugueses nunca lhe enxergaram esse intuito. A opinião geral deles foi sempre que o espírito manifesto do texto era proteger não só o gozo legítimo da propriedade real, senão os direitos, privados ou públicos, inerentes à pessoa.

Capítulo II

Muito tarde chegaram os juristas brasileiros, para inovar em assunto que o concurso de tantos séculos, a série imemorial da jurisprudência tinha definido nos tratados e arestos.

Para o mostrar, percorrerei rapidamente as autoridades nomeadas por Almeida e Sousa, buscando nas obras de cada uma os trechos a que esse praxista aludiu, mas não transcreveu.

Diz Guerreiro[22] que procede o interdito *retinendæ* (ação de manutenção):

"Pro quacumque re possessa, sive immobili; sive mobili; sive corporali, sive *incorporali,* sive rustica, sive urbana. Ideo pro manutentione frumenti, *iurisdictionis, gubernii;* pro quasi possessione *libertatis* et *exemptionis;* pro iure *eligendi, præsentandi,* et *nominandi;* pro possessione *faciendi processionem;* pro possessione *ingrediendi, assistendi, interessandi* in capitulo; pro quasi possessione *admittendi seu aggregandi alias ad collegium et non idoneos regiciendi ac reprobandi;* pro possessione *tutelæ seu curæ;* pro quasi possessione servitutis; pro possessione *exercitii procuratoris; pro iuribus quæ quis possidet;* pro quasi possessione macinandi et admittendi fornarios

---

22. *De munere iudicis orphanorum tract.,* III, t. 2, p. 107, 1. 6, c. 43, n° 56 e 57.

et alios ad molendum in aliquo indendino; pro quasi possessione *filiationis;* pro quasi possessione exigendi quamlibet annuam præstationem seu responsationem vel reditum annuum; pro quasi possessione exigendi pensionem ecclesiasticam; pro quasi possessione perceptionis decimarum, vel primitiam aut oblationem; pro possessione confinium usque ad certum locum et certos fines; pro possessione vel quasi possessione rerum ecclesiasticarum; et denique pro possessione vel quasi possessione *rerum quæ possideri vel quasi possideri possunt.* Post. dita obs. 10 per tot quam vide circa relatos casos et alios quos refert Reinos., *Obs.* 62."

A fórmula reúne, como se vê, no domínio da manutenção, todas as coisas, possessíveis ou quase-possessíveis; *res quæ possideri vel quasi possideri possunt,* abrangendo-se no conceito de *coisas* não só as corpóreas como as incorpóreas, *corporales, sive incorporales,* e na acepção das incorpóreas, além dos desmembramentos do domínio, *servtiutes,* todos os direitos pessoais, desde os de caráter meramente privado, como a *tutela,* a *curatela,* a *filiação,* o *mandato de procurador,* a *liberdade, tutelam seu curam, filiationem, exercitium procuratoris, libertatem,* até as funções de ordem pública, religiosa, ou mundana: a percepção de *vencimentos, tributos* e *pensões,* os direitos e privilégios de reunião, associação, eleição, jurisdição e governo, *ius eligendi, possessio faciendi processionem, exemptiones, pensiones, iurisdicionem, gubernium.*

Eis a inteligência da Ordenação, Liv. 3, Tít. 78, § 5º, firmada por uma autoridade muito mais próxima à fonte legislativa do que os juristas brasileiros da segunda metade do século XIX, autoridade que não se inspirava em abstrações de escola, ou teorias individuais da cátedra, mas bebia direta e copiosamente nos mananciais da praxe, que o espírito da lei recente preservava puros.

Ela estabelecera a proteção geral da posse, fosse tangível ou intangível o seu objeto. Esse amparo estende-se tanto à apropriação da matéria, como à do direito, e, no exercício do direito, tanto aos pessoais, como aos reais; tanto aos individuais, como aos coletivos; tanto aos públicos, como aos simplesmente civis. Esse imenso progresso realizara o direito português, o nosso direito pátrio (porque nem as leis, nem a praxe brasileira o modificaram depois, como teremos ocasião de ver), sobre o direito romano, que circunscrevera os interditos à defesa das coisas corpóreas e dos direitos vinculados ao solo. E havemos de perder todo esse terreno ganho para a civilização, para a simplificação da defesa e do direito, há mais de três séculos, unicamente por servil submissão às prevenções escolásticas de um romanismo pedantesco e morto, encarnado em alguns juristas modernos, cujo único título de abono é a legenda savigniana, mal justificada, mal entendida e mal aplicada?

A idéia de posse desprendeu-se distintamente da de propriedade na bela idade da cultura romana. É um dos frutos mais úteis desse desenvolvimento. Sob a influência civilizadora do direito canônico aquela semente se desdobrou, na península ibérica, em uma germinação nova: a defesa possessória ampliou-se dos direitos reais aos pessoais. Essa era a tradição legislativa e judiciária de Portugal, ao deixarmos o lar das suas instituições, para constituir família nossa. Mas, separando-nos, trouxemos conosco o tesouro do seu direito civil, como o filho emancipado guarda em si o patrimônio das idéias, sentimentos e usos paternos.

A lição de Guerreiro encerra, pois, a controvérsia, a que aqui se poderia pôr ponto, fechando-a com chave de ouro.

Contudo, não será por demais escutar o voto de outros, cujo consenso demonstra a unanimidade das opiniões.

Mendes de Castro,[23] cuja *Prática Lusitana* foi, entre nós, "o melhor tratado de jurisprudência prática",[24] atesta que o interdito *retinendæ uti possidetis* se aplicava em

---

23. *Practica Lusitana*, 1. IV. c. 10: *De interdictis.*, § 2º, t. 1, p. 195.
24. RIBAS. *Curso de Direito Civil*, I, p. 378.

favor de toda e qualquer classe de direitos incorpóreos, ainda os que diziam respeito a *predicamentos, honras e funções de jurisdição*. *"Item hoc interdictum etiam datur* PRO QUIBUSCUMQUE JURIBUS INCORPORALIBUS, *veluti* JURISDICTIONIS, *honoris et obsequiorum.*"[25]

Com uma dessas funções se ocupa Phoebus,[26] neste excerto: *"Quis acquisivit dictam quasi possessionem iuris præsentandi, si postea ab illa spoliatur, poterit uti remedium possessorii ad eam recuperandam contra ipsum spoliantem".*

Cabedo,[27] citando a Ordenação, Liv. 2, Tít. 1, § 3º, depois de mencionar vários direitos de ordem espiritual, compreendidos na esfera da tutela possessória, acaba advertindo que é por uma adaptação da praxe secular que os direitos de natureza religiosa desfrutam o benefício dos remédios contra a turbação da posse. *"Hæc ordinatio non solum locum habet quando laicus clericum ob spolium factum intra annum et diem convenit, sed etiam quando clerici inter se et super possessione beneficii, seu alicuius rei spiritualis.*[28] CERTUM NAMQUE DE JURE EST QUOD CAUSA POSSESSORIA, QUANTUMQUE SPIRITUALIS, PROFANA EST."

Reynoso,[29] sustentando a aplicabilidade do interdito à posse de certos direitos pessoais, de acordo com a quase totalidade dos canonistas, *"canonistæ fere omnes"*, conclui: "... Tamen, ad recuperandam possessionem RERUM INCORPORALIUM sufficit præcessisse unicum actum exercitii illius iuris, licet tempore spolii non esset actuale illius exercitium; quoniam jura incorporalia per unicum actum acquiruntur, eoque tantum formatur possessio

---

25. "Esse interdito era igualmente dado ao direito incorpóreo, quanto à jurisdição, honras e obséquios."
26. *Decisiones,* 213.
27. *Decisiones,* p. I, dec. 82.
28. "Essa ordenação não dizia respeito apenas a leigos e cléricos quanto a espólio relativo a tempo determinado, ajustado entre ano e dia, mas, ainda, relacionado a clérigos entre si e sobre benefícios e coisas espirituais."
29. *Obs.* LXII, pr., nº 4, 6, 7, 11 e 12.

in futurum, tanquam si singulis diebus et momentis actus ille renovaretur".

Strychio[30] pronuncia-se assim: *"Materia interdictorum adhuc hodie summe necessaria ac utilis est pro defendenda, consequenda et recuperanda possessione* RERUM, *tam corporalium* QUAM INCORPORALIUM".[31] Ainda aqui se vê como no vocabulário da jurisprudência civil, sob o regime das Ordenações, *coisa* era tanto o objeto material, *quanto o objeto incorpóreo;* o que irresistivelmente nulifica o argumento buscado pelos adeptos da idéia romanista em matéria de posse nas palavras "ocupar e tomar as suas *coisas",* da Ordenação, Liv. 3, Tít. 78, § 5º.

O praxista não discrimina: onde houver título real, *ou incorpóreo, assiste à posse a faculdade do interdito.* A extensão da defesa possessória a toda espécie de direitos suscetíveis de gozo e continuidade acentua-se vigorosamente nas palavras desse escritor, que enunciando, pouco adiante, no § 3º, os quatro casos de mandado sem cláusula, reflete: "Secundus casus est, si pars conquerens ex facto alterius, postquam perpetratum esset, irreparabile damnum sentiret, v.g. de VITAE, FAMAE ET HONORIS periculum immineati... quartus, si quis in carcere CUM FAME, SQUALORE ET INEDIA, CUM SALUTIS, SANITATIS AC VITAE DISCRIMINE detineatur".

Ora, há nada mais incorpóreo, mais pessoal, mais alheio às relações do domínio sobre as coisas materiais do que o título humano à *higiene,* à *vida,* à *honra,* à *liberdade?* Se alguns desses direitos encontraram depois escudo em novas instituições, havemos de considerar abolido, para os outros, o antigo instrumento de proteção, a égide preciosa, cuja necessidade se lhes reconhecia em tempos aliás menos zelosos da personalidade individual?

---

30. L. XLIII. § 1.
31. "Em matéria de interdição, crê-se hoje muito necessário e útil a defesa bem como a recuperação de coisas corpóreas como incorpóreas."

A evolução da consciência jurídica entre nós mostra o contrário; pois, enquanto existiu, neste país, o mal do cativeiro civil, era nos interditos possessórios que o homem livre, reduzido à escravidão, ia buscar a tutela imediata contra a violência espoliadora. Houve alguma lei que ratificasse especialmente o uso das ações de manutenção em garantia da liberdade? Não. A necessidade da defensão do direito lançou mão espontaneamente da arma jurídica temperada em outras eras e conservada pelo gênio previdente da tradição no seio da consciência popular.

Os escritores europeus dessa época, releva ainda notar, nas aplicações do interdito possessório à turbação da liberdade, cogitavam apenas das violências materiais a ela e da sua privação temporária: *si quis in carcere, cum fame, squalore et inedia, detineatur*. Não conhecendo, entre as nações para que escreviam, o cativeiro legal, a escravidão civil, a perda absoluta do direito à liberdade, as relações de senhor e escravo, não consideraram o interdito possessório na sua adaptabilidade aos atentados, *muito diferentes* na sua essência e nos seus efeitos, da escravização de um indivíduo a outro. Quando, porém, no Brasil começou a se produzir este outro gênero de casos, não obstante a sua diversidade a tantos respeitos, a praxe não hesitou em procurar, no remédio tradicional da posse, analogias que autorizassem a sua invocação contra as invasões da propriedade no domínio da liberdade humana. A adaptação operou-se espontaneamente, mostrando, por um lado, a elasticidade natural da instituição, por outro a sua extensibilidade inevitável, com a evolução dos tempos, às necessidades emergentes do direito, independentemente do concurso das leis ou do beneplácito dos expositores.

Cumpre não esquecer a importância que reveste, para a sustentação da minha tese, a consideração de que as idéias de Strychio, perfilhadas nas obras de Almeida e Sousa, o mais provecto representante da praxe lusitana, dimanavam principalmente do direito germânico, em cujas instituições, examinadas com fidelidade, pusera o primeiro desses dois escritores o objeto especial dos seus estudos. O amplo quadro que ele nos traça, pois, do desenvolvimento da posse, da inclusão de todos os bens incorpóreos, de todos os direitos, na área dos interditos, dilatada pela evolução dos fatos, mostra quão longe está da realidade, quão imperfeita e parcial é a conta, que do desenvolvimento da entidade jurídica da posse e suas instituições tutelares, sob o direito canônico e entre as nações européias, nos deixou o exagerado romanismo de Savigny, "reduzindo a numerosa aplicação dos interditos aos fatos, ou desnaturando-os, e pretendendo, sob a dupla preocupação da sua teoria da posse e do culto supersticioso do direito romano, acomodá-los, na maioria dos casos, por analogias forçadas com as servidões".

Nas obras de Pegas,[32] a que também nos remete Almeida e Sousa, temos copioso repositório de arestos portugueses, cuja doutrina mostra quanto se distanciou, em progresso, do direito romano o conceito da posse, na jurisprudência que da metrópole herdamos. Dessa compilação trasladarei alguns.

É indubitavelmente um direito incorpóreo, um direito pessoal, o do procurador ao exercício das suas funções. Pois bem: aqui temos um acórdão,[33] mantendo a posse do ofício de procurador:

"Agravado é o agravante pelo corregedor em o mandar tirar da *posse* do ofício té a decisão dos embargos, provendo em seu agravo, vistos os autos; e como o agravado não tivesse posse, nem direito que lhe competisse por alvará ou carta do dito ofício de procurador, não tinham os seus embargos efeito de responderem à execução da sentença. Portanto, mandam que o corregedor faça *resti-*

---

32. *Resolutiones for.*, L. VII, c. 25 e 26. "Suas obras... subminutram muitas vezes preciosas informações sobre o estilo e praxe forense, que facilitam a solução de importantes e árduas questões". – RIBAS. *Curso de Direito Civil*. I, p. 383.
33. Feito de Gaspar de Medeiros e Câmera com Antônio Borges do Canto.

tuir a posse do ofício ao agravante e com efeito seja *metido nela,* com as perdas e danos por quem de direito for. Lisboa, 15 de setembro de 1681."

Noutro feito[34] se contendia igualmente sobre a posse do ofício de procurador municipal, *função pública.* O acórdão, proferido pela Mesa do Desembargo do Paço, reza:

"Agravado é o agravante pelos ofícios da Câmara da Vila de Santarém, em lhe revogarem a procuração, que seus antecessores lhe tinham feito, fazendo nova procuração a outra pessoa, provendo em seu agravo, vistos os autos; e como por eles se mostra estar o agravante de *posse* e poder dos negócios da Câmara da dita Vila, por nomeação que nele fizeram seus antecessores, deve ser conservado *na posse* em que estava, visto como os ditos oficiais não podem revogar a dita procuração, sem que primeiro seja ouvido o agravante e via ordinária de alegar contra ele causa justa. – 5 de dezembro de 1682."

Na outra questão,[35] disputavam as partes sobre a posse do direito *a ordenados.* Em defesa desse direito, incontestavelmente incorpóreo, a Relação, por um acórdão, reconheceu a procedência do interdito:

"Que, vista a petição de força do A. executor-mor do Reino, contestação do réu. Mostra-se, por parte do autor, que, estando de *posse* seus antecessores *de cobrar todos os anos quarenta mil-réis de ordenado do correio-mor,* em razão das execuções que lhe fizeram nas consignações que tem na fazenda real, o pagamento dos quais fazia o réu como oficial-maior do dito correio-mor, e pedindo o A., depois de entrar no dito ofício, o dito ordenado, lhe não quis dar satisfação, *fazendo-lhe força em privá-lo da posse,* que tinha por seus antecessores, a que devia ser *restituído;* defende-se o réu como mostra na sua contestação e razões finais. O que tudo visto e o

---

34. Entre Manoel Barbosa Machado e os oficiais da Câmara de Santarém.
35. De Manoel Costa Calheiros contra João Duarte da Costa.

mais dos autos, e, como por parte do A. *se não prove legalmente a posse de cobrar do réu,* por fazer os pagamentos o tesoureiro-mor do Reino, e alguns o reu por ordem ao correio-mor, não podia ter lugar contra o réu a ação intentada. – 6 de fevereiro de 1683."

Em um agravo entre dois abades[36] reconheceu o tribunal superior o caso de força contra a posse, estabelecida a favor do agravante, no direito de assistir aos ofícios de defuntos, matéria espiritual. Eis a sentença:

"Agravado é o agravante, pelos desembargadores dos agravos da Relação do Porto em revogarem a sentença do júri, absolvendo ao réu agravado da força e violência, que cometeu ao A. agravante, esbulhando-o e à sua Igreja da posse, em que estava, e por seus antecessores continuada, de ir assistir por si, ou seu cura, a todos os ofícios que se fazem pelas almas dos defuntos na Igreja do R. – 4 de novembro de 1677."

Ainda acerca de um direito meramente espiritual se pronunciaram, noutro feito de agravo,[37] as justiças portuguesas, admitindo a posse e os corretivos da sua turbação.

"Não é agravado o agravante pelo corregedor da Corte no tocante à obra do Sacrário, em declaração que nela não terão o Santíssimo Sacramento. Porém foi por ele agravado em não julgar que os R. R. cometem *espólio* em expor o Santíssimo Sacramento sem ser pelo mesmo agravante ou pelo sacerdote que para isso deputar. – 7 de agosto de 1681."

Eis aí a praxe portuguesa. Não se poderia dizer que a inovação canônica, adotada por ela, se confinasse aos casos de natureza especial, aos fatos de ordem eclesiástica dependentes do regime do padroado, porque, de envolta com espécies classificáveis nessa categoria, os tribunais seculares resolviam pela mesma doutrina feitos

---

36. Domingos Coelho contra Pantaleão de Barros.
37. Entre Pedro de Oliveira, prior de S. Nicolau, e os irmãos de N. S. da Vitória.

de caráter estritamente civil. Das quatro sentenças, coligidas nos in-fólios de Pegas, que acabo de trasladar, as duas primeiras sancionam a lei da proteção possessória a direitos pessoais e funções de ordem pública. O princípio da possessibilidade dos direitos incorpóreos perdera, pois, a especialidade do caráter de sua origem, revestindo a expressão geral de uma noção de processo comum.

Entre o direito brasileiro e o direito romano, nesta parte, medeia, portanto, essa larga evolução, de muitos séculos, que reformou a noção originária da posse, rompeu o círculo que a cingia aos direitos reais, e alongou o diâmetro da esfera de sua defesa à posse de todos os direitos suscetíveis, na sua manifestação exterior, de violência e esbulho. É exagerar a veneração por um nome, ou por uma escola, o atribuir-lhe a magia de apagar todo esse progresso, e impor-nos, pelo culto do passado mais remoto, o divórcio da tradição posterior, que o nulificou.

Capítulo III

Ridícula veleidade seria a de quem pensasse em amesquinhar a autoridade de Savigny, vulto descomunal, "cujo nome domina a ciência jurídica do século XIX, como o nome de Cujácio dominou a ciência jurídica da Renascença e o de Bártolo a ciência jurídica da segunda parte da Idade Média".[38] Nem de lhe faltar com as honras devidas pode acusar-se o seu grande contraditor, digno, a todos os respeitos, de medir-se com ele, o autor dessas duas obras soberanas, que se chamam o *Espírito do Direito Romano* e a *Evolução do Direito*. Foi Ihering[39] quem escreveu que a Savigny "ficará sempre a glória imorredoura, inexpugnável, de haver restaurado, na dogmática do direito civil, o espírito da jurisprudência romana, de modo que, seja qual for, afinal, a soma dos seus resultados práticos, incólume lhe restará, em todo caso, esse merecimento".

Mas esta situação excepcional, a despeito de toda a sua superioridade, não o eleva acima da crítica; e o resul-

---

38. A. RIVIER. *Revue de Droit International et de Législation Comparée:* 1879, t. 11, p. 218.
39. *Fondement des interdits possessoires.* Trad. de Meulenaere, p. 1. Veja IHERING, Rudolf von. *Fundamento dos Interditos Possessórios.* Trad. Adherbal de Carvalho. São Paulo/Bauru: Edipro, 2007 (Clássicos Edipro).

tado notório desta é capitular-se a *Teoria da Posse*⁴⁰ como o menos feliz dos trabalhos do insigne romanista. Antes de Ihering já o seu valor sofrera impugnações, que o foram sucessivamente diminuindo, até se reduzir às proporções em que o deixa a severa análise de Ihering, condigno retificador da obra gigantesca do sábio sistematizador do direito romano.

A *Teoria da Posse* de Savigny, não obstante haver assinalado época, e beneficiado a história, como um vigoroso estímulo a grandes trabalhos de investigação, franqueando-lhe caminhos desconhecidos, pouco mais importância tem hoje que a de "um fulgurante meteoro".⁴¹ A teoria da posse, diz, com evidência, o ilustre professor de Göttingen, não se pode entender sem a sua prática.⁴² Desprovido desta e influído por idéias preconcebidas, Savigny estreava com esse livro aos vinte e quatro anos, idade cuja inexperiência o gênio lhe não podia suprir. Destituído assim do tirocínio preciso para contrastear pela verificação da praxe as noções sistemáticas formadas no estudo histórico das fontes, o jovem explorador "não fez justiça nem ao direito romano, nem à importância prática da posse".⁴³ Daí a brecha imensa aberta pela crítica nas suas doutrinas, cujos resultados reais para a ciência se qualificam hoje de "muito medíocres", e muitas de cujas idéias fundamentais em matéria de posse vieram a incorrer na averbação de insustentáveis, predizendo o seu grande adversário que nenhuma, talvez, acabará por vingar.⁴⁴

---

40. IHERING, Rudolf von. *Teoria Simplificada da Posse*. Trad. Pinto de Aguiar. 2ª ed., São Paulo/ Bauru: Edipro, 2000 (Clássicos Edipro).
41. IHERING, Rudolf von. Besitz, no *Handwörterbuch der Staatswissenschaft herausgegeben von* Conrad, Elster, Lexis, Ede, Loening, Iena, 1891, v. 2, p. 426.
42. *Ibidem*.
43. *Ibidem*.
44. "Keine einzige der Grundasichten, welche darin vertreten sind, ist unangefochten geblieben, manche derselben bereits mit dem Erfolge, das ihre Unhaltbarkeit allgemein zugestanden worden ist; die Zukunft wird daruber entscheiden, ob die übrigen diesen Loose" – *ibidem*.

Sendo, porém, o que se quer, neste debate, não apurar o que pensavam da posse os romanos, tampouco o que das instituições romanas ficou, a este respeito, naqueles, dentre os povos germânicos, em cujo seio o direito romano é o direito comum, mas liquidar o caráter definitivo que essa entidade jurídica assumiu em uma legislação moderna, cujo desenvolvimento se embebeu na influência poderosa de outro fator, o próprio Savigny não me desfavorece. Nas páginas da *Teoria da Posse,* com efeito, se encontra manifestamente registrada a ampliação, que sob o direito canônico sofreu, da Média Idade em diante, nos países de direito romano, o regime da proteção possessória, e a legitimidade, a racionalidade, a juridicidade desse progresso.

Se os jurisconsultos brasileiros que juram sem exame sobre as palavras de Savigny, ao menos o lessem com cuidado, teriam dado fé de que o mestre, no seu tratado da posse, mostra como a noção desse instituto jurídico, ao profundo influxo do direito canônico no direito civil e judiciário da Europa, se expandira enormemente em aplicações desconhecidas aos romanos, mas coerentes com a lógica de direito por estes legado à civilização hodierna.

Leia-se o que o sábio alemão escreveu "das modificações da posse",[45] e há de confessar-se que a autoridade do nome de Savigny não patrocina o erro insinuado à sua sombra na educação jurídica da nossa mocidade, sob o capricho de uma filiação inconsiderada ao direito romano, pelos juristas brasileiros adstritos a essa teoria acanhada e anacrônica, que o nosso rejeita e a evolução da consciência jurídica, desde as origens portuguesas até o uso contemporâneo, arredou para os arquivos do passado.

"Era direito romano", diz o escritor germânico, "a posse só se referia à propriedade dos *iura in re*.[46] Ao depois, sobretudo no direito canônico, deliberaram estendê-la em

---

45. SAVIGNY. *Traité de la Possession.* Trad. Staedtler (da 7ª ed. alemã, 1866), p. 477-81.
46. Direito da coisa.

geral *a todo direito*. Ora, toda a teoria da posse tirava fundamento da proteção concedida ao simples exercício de um direito contra certas perturbações, existisse ou não, realmente esse direito. Nessa proteção, pois, só se podiam abranger os direitos que admitiam a possibilidade de tal gênero de turbações; e outros não podiam ser eles que a propriedade e os *iura in re*. Mas a constituição da igreja cristã e dos vários Estados europeus deu origem a certos direitos, que intimamente se ligavam à posse e à fruição do solo, direitos *que os romanos não conheceram*, ou estavam longe de supor capazes de apropriação particular. É assim que *o exercício do poder episcopal* depende da posse da sé[47] episcopal com os bens que lhe tocam. Analogamente ora *o poder supremo*, ora *certos ramos desse poder* se ligam à soberania territorial do príncipe, ou às *jurisdições territoriais*. O mesmo sucede com os encargos territoriais estabelecidos pelo direito germânico, tais como as rendas territoriais, dízimas e corvéias. *Todos esses direitos admitem, como os concernentes à propriedade, a proteção do seu mero exercício...* Até em casos nos quais a violência interessa apenas o exercício de parte desses direitos, *em algum ramo,* por exemplo, *da jurisdição,* se nos deparará, não no tocante à posse do solo, mas a respeito de coisa análoga, uma relação, que lembra a *iuris quasi possessio* do direito romano. Tais direitos são, como as servidões, suscetíveis de se molestarem por atos de violência, dado o que, *lógico era* amparar-lhes o simples exercício, como o direito romano fizera com as servidões."

"A relação que aqui assinalamos", continua ele, "entre esses direitos e a posse, não é de pura teoria: muito há que *a prática a tem admitido.* Muitas vezes, em direito canônico, se trata da posse dos direitos diocesanos, ou de outros direitos eclesiásticos, bem como dos dízimos, elemento deles; e ninguém duvidou jamais que, *tanto como ao direito de propriedade,* caiba a proteção civil

---

47. Em minúsculo no original. (N.E.)

contra a violência à *jurisdição e outros direitos públicos, se bem que de tais direitos na antiga Roma nunca se pudesse cogitar em posse."*

Mas, pergunta o egrégio romanista, "em que relação está esse gênero de posse com o direito romano? Diretamente não lho poderemos aplicar, porquanto de tais direitos ele não tinha idéia. *Não obstante, a extensão do direito romano a esses casos assenta evidentemente em um desenvolvimento natural e lógico dos seus princípios.* Com isso não sofre alteração, pois, a idéia de posse; o que se faz é *pô-la em contato com objetos a que os próprios romanos a teriam ajustado, se os conheceram".* "É mui digno de reparo", observa ainda, em nota, "que *esse parece ter sido inteiramente o sentir dos glosadores."*

Apesar de aferrada à prevenção que subordina a posse à idéia primitiva da apreensão territorial, a doutrina savigniana opõe-se, já se vê, à imobilização do direito romano na sua letra, advogando a expansão dele, vivificada pelo espírito das suas leis. Do mesmo modo que, tendo o seu ponto de partida na posse do solo, elas a ampliaram à das servidões, reconhece o jurisconsulto alemão que, forçosamente, o direito romano a teria adaptado aos objetos a que o direito canônico a estendeu, jurisdição, tributos, privilégios senhoriais, direitos incorpóreos da mais variada natureza, *se Roma os houvesse conhecido.*

Verdade seja que o mestre pára a meio caminho das consequências do seu princípio, buscando a legitimidade destas ampliações da idéia romana em um vínculo de analogia entre essas espécies de direitos e as servidões. Todos eles, na sua opinião, convergem para o solo. Mas não se há mister de esforço para perceber que esse vínculo, indireto e tênue em muitos desses direitos, se foi adelgaçando, até desaparecer de todo em algumas adaptações do interdito possessório a relações jurídicas de caráter exclusivamente pessoal. Que afinidade, por exemplo, havia entre o domínio do solo, a apropriação física das coisas, e a tutela, o ofício de procurador, o direito a pensões e vencimentos, as funções de índole civil, administrativa e religiosa, a que, segundo o testemunho dos praxistas supracitados, se estendia a defesa do possessório?

O mesmo processo germinativo, que da posse das coisas extraiu a das servidões, e, mais tarde, desenvolveu a posse das servidões na de outros direitos mais ou menos indiretamente limitados pelo território, como as regalias feudais, os dízimos, a jurisdição eclesiástica, veio afinal, de expansão em expansão, de transição em transição, a desdobrar noutra, inteiramente nova, a idéia originária, generalizando a posse, com os instrumentos da sua defesa civil, aos direitos de incorporeidade mais evidente, como a filiação, a vida e a liberdade.

Dirão que os romanos não chegariam até aí. Mas o certo é que eles não chegaram até onde é opinião de Savigny que teriam chegado, se o campo das relações, a que houveram de prover, já se tivesse enriquecido com o uso dos direitos, a que o direito canônico teve de acudir. E, se o insigne jurisconsulto alemão respeitava e legitimava nesse progresso uma dilatação natural da idéia romana, como é que nem a estas consequências da evolução da posse quiseram atender os escritores brasileiros, e, eliminando o curso desse vasto desenvolvimento, acatado e justificado pelo mestre, recuam até Justiniano, limitando a posse aos *iura in re,* como se o direito pátrio nascesse diretamente das *Institutas*, e, entre o termo onde elas ficaram e o ponto onde ele começou, não se desdobrasse toda essa importante transformação jurídica, de cujos dados sucessivos é repositório a literatura dos praxistas?

Esses velhos guias do foro, condenados pela fácil e lustrosa ciência dos novos à poeira e à traça, representam, contra o romanismo ultra-savigniano destes, o espírito de vida, evolução e progresso. É curioso ver a correspondência entre o critério que os inspirava e o que brilha nos trabalhos luminosos de Ihering.

"Extraordinária é a extensão", diz ele, num dos seus escritos mais recentes, "que a posse dos direitos tem recebido *no desenvolvimento do direito moderno*. Precedeu-o, neste caminho, *o direito canônico e a praxe das justiças eclesiásticas,* que reconheceram posse a todas as regalias, dignidades, funções, benefícios e dízimos da Igreja. Tão bem imitado foi esse exemplo pelas leis e pela jurisprudência *dos tribunais seculares, que não há uma relação de direito privado, ou público, a que se não adaptasse a idéia da posse,* em sendo possível, como quer que fosse, aplicar-lha. *Kein Verhältnis des öffentlichen oder Privatrechts bei dem der Gedanke des Rechtsbesitzes sich nur irgend wie zur Anwendung bringen liesz, nicht mit ihm in Verbindunggesetz vor den wäre.*

"A idéia diretriz era esta. O indivíduo que se acha no gozo tranquilo de um direito, seja de que espécie for, a que corresponda um exercício continuado, monopólio, privilégio, direito banal, patrimonial, ou familiar, etc., consistente em um estado de fato, em atos daquele que representa o possuidor do direito, ou em prestações do obrigado, tais como a obrigação de pagar rendas territoriais, tributos, etc., deve ser provisoriamente amparado nesse gozo, se lho impugnarem, até que judicialmente se prove a inexistência do direito. Foi com este ânimo que, até em casos de contestação da validade do matrimônio, ou legitimidade da prole, se admitiu ação destinada a proteger a quase-posse da condição de marido ou pai. Objetos de quase-posse vieram a ser o próprio direito de usar brasões, as honras da nobreza e, até, o título de doutor. Se a autoridade administrativa contrariava o emprego de títulos tais, assistia ao interessado o direito de apelar para a justiça, que o apoiava na quase-posse até solução definitiva. Essa proteção *chegava a favorecer o funcionário contra o governo, se este lhe retinha os vencimentos, lhe deixava de embolsar as pensões, ou lhe vedava perceber emolumentos,* enquanto a pendência não fosse resolvida pela autoridade competente."

Linhas adiante acrescenta Ihering:

"Está por fixar ainda o âmbito preciso à extensão, que possa reclamar o conceito da quase-posse nas regras do nosso direito e do nosso processo, tão cabalmente alterados em todos os sentidos. *Não concebo que de futuro o direito venha jamais a abandonar idéia tão sã.* O que toca à legislação, agora, é estremar-lhe as raias exatas. Sirva-se, ou não, para esse efeito, da expressão *posse jurídica,* é indiferente: o jurista saberá como se haver, e de que vocábulos usar, toda vez que a lei assegure provisoriamente uma situação de fato, cuja legitimidade esteja por verificar. Em realidade *haverá sempre posse* de coisas e *de direitos".*[48]

Assim que Ihering vê na *posse de direitos* uma conquista irrevogável do direito moderno. Não admite que a evolução ulterior possa excluir das instituições necessárias à civilização esse elemento definitivamente adquirido. Firmadas estas duas sentenças, que importa a sua observação de que as leis atuais da Alemanha ainda não discriminaram com a precisão conveniente as espécies de direitos, a que se tenha de alargar a noção da posse? Outros tópicos da sua obra, oportunamente apreciados, nos mostrarão que os moldes por ele atribuídos a essa idéia abrangem necessariamente a posse de direitos pessoais. E, depois, não é o próprio Savigny quem confessa que *"a extensão do direito romano a esses casos assenta com evidência em um desenvolvimento rigorosamente natural e lógico dos seus princípios"?*

Não era possível que a jurisprudência pátria no século XIX abstraísse dessa vasta região anexada a si pela idéia de posse além do marco assentado pelos romanos nos *iura in re,* para lhe fixar os limites. Por isso vemos continuar o fio dessa tradição nas obras de Almeida e Sousa, Corrêa Telles e Mello Freire, não obstante pretender valer-se da grande autoridade deste um dos juristas brasileiros áditos à limitação da posse aos direitos reais.

---

48. IHERING, Rudolf von. Besitz, no *Handwörterbuch der Staatswissenschaft* de Conrad, v. 2, p. 425.

Eis como se exprime "esse homem de gênio" (na frase de Alexandre Herculano), o máximo dos jurisconsultos portugueses:

"Interdictum retinendæ adplicatur non solum ad res immobiles, de quibus fuit conceptum, et ad mobiles, quarum in possessione sumus, veluti si servum vel iumentum ducere prohibeamur, *l.un. D. utrubi,* Menoch., *de retinendæ possessionis Remed.,* II; sed etiam *ad iurium, quæ nobis competunt,* quasi possessionem tuendum, quo pertinent interdicta de itinere, actuque privato, de aquæducto, etc., quæ ad generale retinendæ interdictum referri debent."[49]

Nestas poucas linhas temos a história e a situação definitiva da ação de manutenção, *interdictum retinendæ possessionis.* Era o princípio circunscrito aos imóveis, *ad res immobiles,* em proveito de cuja posse foi concebido, *de quibus fuit conceptum.* Estendeu-se daí ao gozo dos móveis, em cuja posse estivermos: *ad mobiles quarum in possessione sumus.* Mais tarde abrangeu na sua expansão a custódia geral da quase-posse, no concernente *a quaisquer direitos que nos pertençam, ad iurium, quæ nobis competunt, quasi possessionem tuendum.*

Evidentemente a enumeração, que se subsegue, reduzida à manutenção das servidões, *interdicta de itinere, actuque privato, de aquæducto,* nem esgota as espécies contempladas, nem restringe o seu gênero; porque os três exemplos dados rematam em um *et coetera,* cujo alcance deve entender-se de conformidade com a cláusula em que, depois de mencionar a posse das coisas, se refere à *quase-posse dos direitos.*

Essa cláusula é geral: não encerra limitação, nem exceção: *Interdictum retinendæ applicatur... etiam ad iu-*

---

49. "Interdito de manutenção de posse deve ser aplicado às coisas imóveis, para que foi concebido, estendendo-se ao gozo das móveis, em cuja posse estivermos. Depois abrangem, por expansão, a guarda geral da quase-posse no que respeita a quaisquer direitos que nos pertençam por justiça."
– Inst., Liv. 4, Tit. 4, § 30.

rium, quæ nobis competunt, quasi possessionem tuendum. Isto é: aplica-se também a ação de manutenção a defender a quase-posse *"dos direitos que nos competem"*. Nenhum desses direitos, pois, se excluiu da intenção do autor, que, se quisesse reduzir a manutenção aos direitos decorrentes do desmembramento da propriedade, teria particularizado os direitos reais, *iura in re*, em vez de envolver na mais compreensiva das fórmulas todos os direitos, reais ou pessoais, *iura quæ nobis competunt*.[50]

Circunscrever o remédio possessório aos direitos derivantes da apropriação das coisas materiais seria condenar a tradição, uniforme no direito pátrio. Logo, se o insigne sistematizador do direito civil português nutrisse essa idéia, e quisesse estabelecer essa corrente de reação, teria sido explícito, em lugar de envolver o seu pensamento numa generalidade, *iura quæ nobis competunt*, que poderia servir de epígrafe e à ampla teoria dos praxistas, resumindo as opiniões de Valasco, Guerreiro, Mendes, Cabedo, Phebo, Reynoso, Pegas, Strychio, Almeida e Sousa e Corrêa Telles, já perlustradas neste estudo.

O direito romano, que dividira todo o domínio da ação jurídica em *coisas, res,* umas corpóreas, *corporales*, categoria em que se compreendiam todos os objetos palpáveis, *quæ sui natura tangi possunt*, outras abstratas, *incorporales*, os objetos intangíveis, *quæ tangi non possunt*, envolvendo sob esta caracterização todos os direitos, *quæ in iure consistunt*, reservava propriamente a posse às coisas corpóreas. *"Possideri autem possunt quæ sunt corporalia"*, sentenciava Paulo.[51] Os direitos, matéria incorpórea, *tinham-se:* não se possuíam. *"Neque ususfructus neque usus possidetur, sed magis tenetur"*, ensinava Ulpiano.[52] Tais sutilezas não podiam resistir à

---

50. Direito a que nos compete.
51. Fr. 3, Dig., *de servitutibus* (XLI, 2).
52. Veja *Regras de Ulpiano*. Edição bilingüe português/latim. Trad. de Gaetano Sciascia. São Paulo/ Bauru: Edipro, 2002 (Clássicos Edipro).

necessidade lógica dos fatos e à ação prática da realidade. Essas distinções foram-se delindo com a ação do tempo e o medrar dos princípios semeados, generalizando-se a idéia da posse, ainda que muitas vezes sob a discriminação inútil de *quase-posse,* à fruição de simples direitos. O instrumento desse desenvolvimento foi o direito canônico. Mas, com a ação penetrante que a confusão entre as coisas espirituais e as temporais favorecia nessas eras, a reforma por ele operada se infiltrou profundamente na jurisprudência civil, desviando-a da concepção romana.

"O direito canônico, que, destruindo esta concepção rude e materialista", diz um contemporâneo, "se acercou mais ao verdadeiro caráter natural da posse, admitiu-a, por um conceito comum, em relação a toda espécie de direitos, não só patrimoniais, senão também honoríficos, sociais e, até, de família, noção aceita por quase todos os Códigos modernos se bem que alguns a restrinjam aos direitos patrimoniais.[53]

---

53. DE OLIVART. *La Posesión.* Barcelona, 1884, p. 57.

Capítulo IV

Os autores do Código Civil português não repudiaram a tradição pátria. "Diz-se posse", estatui ele, no art. 474, "a retenção ou fruição de qualquer coisa ou *direito.*" No mesmo sentido se pronuncia o Código espanhol,[54] conformando-se com as idéias geralmente reinantes na península,[55] o Código francês,[56] o italiano,[57] o holandês,[58] o

---

54. "Art. 430. Posesión natural es la tenencia de una cosa o el disfrute *de un derecho* por una persona. Posesión civil es *esa misma tenencia o disfrute* unidos a la intención de haber la cosa *o derecho* como suyos."
55. Na Lei 1ª, Tít. 30, partida III, se diz: "Ca las cosas que non son corporales, assi como las servidumbres que han las unas heredades en las otras, e los derechos porque demãda un ome sus debdas, e las otras cosas q non son corporales semejantes destas, propriamente non se pueden posseer, nin tener corporalmente, mas usando dellas aquel a quien pertenece el uso: e consintiendolo aquel en cuya heredad lo ha, es como manera de possesion.(*) Estes princípios, "que estabelecem uma como quase-posse de direitos incorpóreos, verdadeiro adiantamento sobre o direito romano", prova de que "o sábio rei inspirou o seu Código nas mais sãs idéias do canônico", "foram desenvolvidos pela praxe e jurisprudência" (DE OLIVART. *La Posesión.* p. 57, nº 10)

Os comentadores catalães das Partidas "aceitam resolutamente", diz o tratadista espanhol, "como objeto de posse os direitos de todo gênero". São desses antigos juristas estas palavras: "Pues el ejercicio de un derecho, *cualquiera que este sea* y aunque no consista en la ocupación material de la cosa, es un hecho igualmente real y positivo. Por esto *deben aplicársele las mismas reglas de protección,* ya que la posibilidad de un ataque violento es indudable sobre todo quando se trata de un derecho con ejercicio continuo" – t. 3. p. 842, 861, *apud* DE OLIVART, *op. cit.*, p. 63, nº 14.

chileno.⁵⁹ Nas legislações alemãs contemporâneas, excetuadas a saxônia e a bávara,⁶⁰ era, por via de regra, admitida a posse de direitos.⁶¹ No direito civil russo a doutrina é a mesma.⁶²

"A maioria dos autores modernos", nota De Olivart, "admite a posse com aparência do exercício do direito, seja qual for o gênero deste".⁶³ Segundo Sanchez Ro-

---

Antes do Código atual já o projeto de 1851 dizia: "La posesión es la tenencia de una cosa o *goce de un derecho* por nosotros mismos en concepto de dueños, o por otro en nuestro nombre".

(*) Corrigiu-se este lugar das *Siete partidas del sabio rey don Alonso el nono*, imperfeitamente reproduzido no original, mediante a edição de 1555, estampada em Salamanca, com as glosas de Gregorio Lopez (cf. a reprodução fac-similar das *Partidas*, publicada em Madrid, *Boletín Oficial del Estado*, 1974, v. 2, p. 173) (N.E.).

56. "Art. 2.228. La possession est la détention ou la *jouissance* d'une chose ou d'un droit, que nous tenons ou exerçons par nous mêmes, ou par un autre qui la tient ou qui *l'exerce* en notre nom."
57. "Art. 685. Il possesso è la detenzione di una cosa o *il godimento di un diritto*, che uno ha per se stesso, o per mezzo di un altro, il quale detenga la cosa *od eserciti il diritto* in nome di lui."
58. "Art. 603. *La possession des biens incorporels* se perd par la jouissance paisible, qu'un tiers en a eue pendant une année" – TRIPELS, *Les codes néerlandais*, p. 501.
59. "Art. 715. *La posesión de las cosas incorporales* es susceptible de las mismas calidades o vicios que la posesión de una cosa corporal."
60. DE OLIVART, *op. cit.*, p. 57, n° 10.
61. BRAUN, Hegener e Ver Hees. *Traité prat. du droit civ. allemand.* p. 434, n° 2.092.
62. LEHR. *Droit civil russe:* "No que respeita a coisas incorpóreas, a direitos, só lhes compreende a posse, enquanto deles se possa fazer uso contínuo, ou, pelo menos, reiterado. Salvo esta reserva, possui-se *qualquer direito*, desde que se possa exercer à vontade, com exclusão de outra qualquer pessoa, alegando razão para o ter deste modo." – p. 188, n° 179.

"Para adquirir a quase-posse *de direitos*, é mister, como em matéria de posse propriamente dita, um ato material, junto a uma intenção formal: o ato material consiste no exercício efetivo do direito, que se pretende possuir; a intenção, na vontade de praticar a título de direito o ato material." – p. 192, n° 185.

"Se uma pessoa é formalmente investida num direito em virtude de um contrato, de uma ordem superior, ou de outro qualquer título legítimo, basta essa investidura para criar a quase-posse do direito, ainda na ausência completa de exercício efetivo, contanto que nesse ínterim outrem não lhe apreenda o direito." – *ibidem*, n° 186.
63. DE OLIVART, *op. cit.*, p. 60, n° 43.

man, "todo aquele que mostra um direito, *qualquer que seja a sua natureza*, tem verdadeira posse jurídica na mais lata acepção da palavra".[64]

De Filippis, comentando a proposição de que a verdadeira posse só se pode verificar sobre as coisas materiais, adverte, contudo, que, "assim como a posse é o exercício e gozo do direito de propriedade, quando relativo a coisas corpóreas, *semelhantemente deve reputar-se posse o exercício e fruição* de coisas incorpóreas, ou meros direitos".[65]

"*Não há direito que não seja suscetível de posse*", ensina Chironi. Conquanto ela se aplique especialmente aos direitos reais, "*também se dá no que respeita a direitos pessoais, tais como os de sucessão e de família*".[66]

Na Alemanha muitos dos romanistas se afastam, quanto a este ponto, da noção romana da posse. Bruns, no livro indigitado por Ihering como "a obra mais preciosa de todo o nosso século na bibliografia da posse",[67] admite a posse de direitos pessoais, incluindo entre estes os que se verificam nas relações de pai a filho, de súdito a soberano.[68] Eis a sentença pronunciada, sobre a controvérsia, nesse tratado, que, na suprema opinião de Ihering, "re-

---

64. ROMAN, Sanchez. *Estúdios de derecho civil*. Madrid, 1891, v. 3, p. 429.
65. "Ma poichè il possesso, como innanzi abbiamo accennato, è l'esercizio o godimento del diritto di proprietà quando si referisce a cose corporali, *cosi l'esercizio ed il godimento di meri diritti o di cose incorporali deve anche riguardarsi come possesso*. Perciò alla massima sopraccennata devesi aggiungere la seguente limitazione od eccezione: *Che è possibile il possesso anche delle cose incorporali, assimilando il godimento dei diritti al godimento della cosa*" – DE FILIPPIS. *Corso completo di diritto civile italiano comparato*. v. 2, p. 11.
66. "*Non vi ha diritto che non sia suscettibile di possesso: il quale ha luogo rispetto ai diritti personali* (C, 1.242, 1.598), *di successione* (C, 933), *di famiglia* (C, 120, 121, 171-4), *ed in speciale modo ai reali* – CHIRONI. *Istituzioni di diritto civile italiano*. v. I, p. 142, § 83.
67. "... die wissenschaftlich wertvollste Leistung auf dem Gebiete der Besitzlitteratur in unserm ganzen Jahrhundert" – IHERING, Rudolf von. *Besitz*, Conrad's *Handwörterbuch der Staatswissenschaften*, v. 2, p. 426.
68. BRUNS. *Das Recht des Besitzes im Mittelalter und in der Gegenwart*. Tübingen, 1848, p. 475-95, *apud* DE OLIVART, p. 60-1.

solveu o problema para sempre",[69] e após o qual "nada está por dizer".[70] Riedmaten aceita a teoria de Bruns.[71] Windscheid[72] reconhece que a posse de direitos cabe na mesma noção que a de coisas e servidões. Randa ao lado da posse das coisas trata a de direitos, considerando as duas como classes de uma noção superior, que o ilustre lente da Universidade de Praga define como a possibilidade efetiva, assente em um ato, do exercício iterativo de um direito. Eck, em sua colaboração no esboço do moderno direito romano estampado por Bruns na *Enciclopédia* de Holtzendorff, admite a posse de direitos, inclusive os de obrigações.[73] Ihering, afinal, a suma autoridade, o retificador de Savigny, depois de render homenagem ao "grande valor da posse dos direitos para a teoria possessória", enuncia-se assim: "Toda noção genérica deve conceber-se em termos que se apliquem com a mesma exatidão a todas as espécies encerradas no gênero: *a noção da posse há de cobrir a posse das coisas e a dos direitos.* Não satisfez a esse requisito a ciência romanista... Em vão lhe pedireis uma concepção geral, que abrace as duas espécies de posse".[74]

Salvo uma ou outra exceção, portanto, o direito civil contemporâneo em matéria de posse não é o que a jurisprudência romana herdou à Média Idade, mas o que as instituições seculares dos tempos modernos herdaram do direito canônico. O profundo sulco aberto por ele na teo-

---

69. Ein wahrhaft mustergiltiges Werk, da es die Aufgabe, die es sich, gestellt hat: die geschichtliche Fortbildung des Besitzes in der modernen Welt in einer Weise gelöst hat, die keinem Nachtfolger etwas zu thun übrig läszt – sie ist für immer gelöst" – Ihering, *ibidem*.
70. *De la nature de la possession en droit romain et en droit français*, 1877, p. 145 e 156, *apud* DE OLIVART, loc. cit.
71. *Apud* DE OLIVART, *ibidem*.
72. RANDA, Ant.. *Der Besitz*. Leipzig, 1879, § 2°, *apud* DE OLIVART, *op. cit.*, p. 61-2, not.
73. *Das heutige römische Recht von C. G. Bruns. Neu durchgesehen von Pro G. Eck in Berlin*, §§ 30 e 32. HOLTZENDORFF'S. *Encyclopädie der Rechtswissenschaft*. p. 434-9.
74. IHERING, Rufol von. *Besitz*. n° 10, *in* CONRAD'S. *Handwörterbuch*. v. 2, p. 424.

ria e na praxe possessória ramificou-se por quase toda a Europa. E a ciência jurídica dos nossos dias, iluminada pela erudição de investigadores severos e pela razão de grandes pensadores, confrontando a obra dos jurisconsultos com a dos canonistas, reconhece que, se não fosse o progresso realizado por estes, a obra daqueles não satisfaria às exigências da vida hodierna, em que a garantia dos direitos pessoais assumiu uma importância desconhecida aos antigos.

Verdade seja que nem sempre, no ânimo dos textos legislativos e científicos, a idéia de posse vem associada à dos interditos. Bem que o Código civil italiano, por exemplo, ligue o conceito jurídico da posse assim à *"detenzione di una cosa"*, como ao *"godimento di un diritto"*, a jurisprudência italiana recusa, todavia, o uso da ação de manutenção à posse dos direitos pessoais,[75] a que aliás reconhece efeitos particulares, quais os que aquele Código lhe atribui nos arts. 1.242 e 1.598. Evidentemente, porém, essa limitação é arbitrária, incoerente e contraditória com o próprio princípio romano, que não concebia a posse senão associada à proteção possessória, e, se restringia os interditos à defesa dos direitos reais, é porque não conhecia a posse dos direitos pessoais. De sorte que esses jurisconsultos e esses legisladores ficaram a meio caminho entre a idéia romana e a moderna, pecando contra a lógica em relação a uma e a outra. Não quiseram limitar, como as *Institutas*, a posse aos *iura in re*, e, contudo, circunscreveram aos *iura in re* as ações defensivas com que as *Institutas* asseguravam a posse. Do direito canônico adotaram a ampliação da posse aos direitos incorpóreos, mas, ao mesmo tempo, ficaram com os juristas latinos na mutilação da tutela possessória, reduzida exclusivamente aos direitos corpóreos. É a superstição antiga em luta com as necessidades fatais do progresso: repudiou-se, em teoria, a estreiteza do conceito primitivo, mas praticamente não se ousou chegar às

---

75. MATTIROLO. *Diritto giudiziario civile italiano*. v. 1, p. 298-9, n° 256-7.

consequências que ele mesmo determina. Nós, porém, estávamos salvos dessa anomalia, porque foi justamente a praxe, muitas vezes secular dos tribunais na metrópole e no Brasil antes e depois da independência, o que assentou na jurisprudência brasileira o uso dos interditos em proteção da posse nos direitos pessoais.

Como qualificar, pois, o fenômeno singular da retrocessão dos juristas brasileiros ao romanismo justinianeu, sem um fato legislativo, ou uma modificação na corrente da jurisprudência, que explique o capricho desse arcaísmo anticientífico e iliberal? Como compreender, a não ser por um completo eclipse da crítica, essa tenacidade na fé savigniana, inconciliável com a evolução do nosso direito e a realidade viva da nossa praxe?

Desmentida pela tradição da nossa jurisprudência, a novidade dessa teoria no direito pátrio não se sustenta melhor ante a filosofia da sua própria defesa. Expondo o motivo lógico da noção romana que exclui da posse os direitos incorpóreos, atribui Savigny essa particularidade à circunstância de que a respeito dessa espécie de posse não se pode verificar a intrusão turbativa, que justifica a proteção possessória.[76] Semelhante restrição, porém, está intimamente ligada à teoria falsa, aluída pela impugnação irresistível de Ihering, que assenta a origem de posse na ação direta do agente sobre o objeto material. Se há uma noção hoje firmada, neste assunto, é a de que a posse "não reside no poder físico sobre a coisa, mas no exercício, na exterioridade do direito". E é no tocante à posse dos direitos que essa verdade "se manifesta com uma clareza impossível de se obscurecer".[77] Desde que se não considere a posse como *poder físico, mas como a*

---

76. *Traité de la possession.* §§ 12 e 49.
77. "Der Rechtsbesitz für die Besitztheorie von hohem Werte. Eine Wahrheit, über die man sich beim Sachbesitze hinwegtäuschen konnte, dasz nämlich der Besitz nicht physische Gewalt über die Sache, sondern Ausübung, Thatsächlichkeit des Rechts ist, tritt hier mit einer Deutlichkeit zu Tage, die jede Möglichkeit des Verkennens auschliesst" – IHERING, Rufolvon. *Besitz. in* CONRAD'S. *Handwörterbuch der Staatswissenschaften.* v. 2, p. 423.

simples *exterioridade do exercício do direito, "basta para a proteção possessória a exterioridade do direito e a possibilidade do seu exercício"*.[78] Ora, não se pode negar que os direitos incorpóreos se realizam exteriormente, exercendo-se. Não se lhes pode negar, pois, a condição essencial da posse e da sua segurança civil: o exercício exterior, a possibilidade de ação e a visibilidade dela.

Ihering diz: "É um dos erros mais pejados de consequências e mais fatais, que se têm cometido na teoria possessória, o haver-se estribado a sustentação da posse e, com ela, a posse mesma na concepção da segurança mecânica, do poder físico. A segurança da posse descansa essencialmente *na proteção jurídica outorgada à relação de direito do homem sobre a coisa"*.[79] O grupo de jurisconsultos brasileiros aderentes, nesta parte, à idolatria savigniana deixou-se, pela sua fidelidade escolástica ao mestre, induzir à mesma errônia, reduzindo a base da posse e dos interditos ao *elemento físico,* sem atentar na frequência dos casos em que, ainda no que pertence à ocupação e fruição de coisas materiais, "a segurança da posse assenta *exclusivamente* nas suas garantias morais e jurídicas",[80] "no elemento jurídico e moral, a saber, no receio, inspirado pelo senso jurídico, ou pela lei, de lesar direitos alheios".[81]

Ensina o mesmo Savigny que "TODA POSSE É PROTEGIDA POR INTERDITOS".[82] Reconhecido, como se acha, pois, na jurisprudência pátria, mediante a praxe de tantos séculos, *que os direitos pessoais são possessíveis* (no que a intuição prática dos antigos juristas peninsulares

---

78. "Für den Besitzschutz genügt die Möglichkeit des Rechts und die Thatsächlichkeit sondem Ausübung" – *ibidem*.
79. IHERING, Rudolf von. *Fondement des interdits possessoires.* Trad. de Meulenaere (ed. de 1882), p. 162. – Veja *Fundamento dos Interditos Possessórios.* Trad. Adherbal de Carvalho. São Paulo/Bauru: Edipro, 2007 (Clássicos Edipro).
80. *Ibidem.*
81. *Op. cit.*, p. 160.
82. *Traité de la possessión,* § 34 (ed. de 1866, v. 1, p. 350).

acaba de receber a sua sanção filosófica pelos trabalhos definitivos de Ihering, cuja fórmula põe na *simples exterioridade do direito* a condição da posse), a própria lei, enunciada por Savigny, de que a toda posse corresponde um interdito, determina fatalmente o corolário de que os interditos possessórios se aplicam aos direitos pessoais.

Felizmente o erro desses jurisconsultos brasileiros representa apenas uma espécie de quisto na jurisprudência pátria, em cujo progresso ficou insulado pela evolução, que sempre o repeliu. Para que mo não pudessem contestar, bastaria termos em mente a larga aplicação, que se fez no Brasil, enquanto existiu o cativeiro, do interdito *retinendæ* em defesa da liberdade.

Nenhum direito mais absolutamente incorpóreo do que esse, elemento essencial da personalidade humana. Se algumas legislações, como a nossa durante essa época, o converteram em objeto de propriedade, para a confiscar, o fato não prova senão que a analogia da propriedade é ampliável a todos os direitos suscetíveis de exercício exterior. Todos eles podem sofrer violência, esbulho, ou imposição de resgate, sob o predomínio da força, como o direito de propriedade, e precisamente por isso é que o direito canônico, deduzindo logicamente a consequência da premissa romana, estendeu os interditos, criados em benefício da propriedade, à proteção de todos os direitos suscetíveis de usurpação. Esta pressupõe necessariamente a posse, e necessariamente legítima a intervenção do remédio possessório.

Nenhuma relação, próxima ou longínqua, tem a liberdade com a apropriação do solo, ou os desmembramentos reais desse direito. Entretanto, desde que se começou a sentir vivamente, entre nós, a intolerabilidade do cativeiro ilegal, as suas vítimas lançaram mão do remédio possessório, cuja extensão à posse dos direitos pessoais a tradição judiciária preservara viva. Nenhuma lei expressa autorizava essa aplicação. Todavia, nenhum tribunal a denegou.

Note-se mais: a ação de manutenção, nesses casos utilizada, não era o usual interdito *retinendæ ud possidetis*, nem o interdito proibitório, que se converte em simples citação, se o réu acode à audiência aprazada, e se defende.

Era a *manutenção sumaríssima* do direito romano, de antiga implantação no direito pátrio, remédio imediato para a defesa da posse certa, à qual se concedia para logo o mandado de manutenção, sustentando *pendente lite* na fruição do direito alegado o possuidor, justo ou injusto, até que, mediante discussão e processo regular, se sentenciasse acerca da continuação definitiva da posse provisoriamente assegurada ao autor.

Não havia nada mais comum, durante esse meio século, no foro brasileiro, do que a prática desta espécie peculiar do interdito *uti possidetis* contra as usurpações. Não obstante, porém, a trivialidade contínua e a legitimidade histórica deste uso, a que todos os nossos formulários judiciais abriam espaço, os jurisconsultos brasileiros, fanatizados por uma exageração quase fóssil do romanismo, passaram cegos e surdos através desse protesto vivo da realidade contra o anacronismo da sua teoria. O foro assistia quotidianamente à praxe do interdito *sumaríssimo* de manutenção, requerido e outorgado em todos os tribunais a favor da liberdade. E, contudo, esses jurisconsultos iam seu caminho, semeando, imperturbáveis, a lição de que o remédio possessório não se aplica senão à garantia dos direitos sobre as coisas.

Diversos outros direitos, porém, além desse, alheios à propriedade e aos seus desmembramentos, obtinham, ao mesmo tempo, ante as justiças brasileiras, a proteção possessória. E, mais bem inspirados no exemplo dos tribunais que certos jurisconsultos, aliás de mais alta esfera, em preocupações de escola, os nossos formulários aconselham: "Quando alguém for ameaçado de esbulho, ou efetivamente for esbulhado da posse *de qualquer dos seus direitos, pode requerer ser nele manutenido...* Tomarei por exemplo a liberdade, *por ser um dos casos mais comuns em nosso foro*".[83]

As nossas revistas jurídicas arquivam cópia considerável de casos, em que se vê correr continuamente o fio da praxe quatro vezes secular dos interditos, aplicados ao uso e gozo de todo gênero de direitos.

Dos concernentes à posse da liberdade não direi, porque, neste particular, era, diga-se assim, quotidiano, em todos os sítios do país, o emprego dos mandados de manutenção.

Há, porém, outras espécies, ante as quais se evidencia a universalidade do apelo à garantia possessória em favor de direitos, a que as instituições romanas a recusariam.

Em 1873, por exemplo, a presidência de Pernambuco, então exercida pelo dr. Henrique Pereira de Lucena, depois barão deste nome, ordenara à Câmara Municipal do Recife que, tendo a Misericórdia daquela cidade contratado com a firma Agra & C, privilegiada pela Lei provincial nº 1.121, de 17 de julho desse ano, o serviço funerário daquela capital, houvesse de cassar as licenças concedidas para a exploração dessa indústria a outras casas comerciais. Mas Paula & Mafra, que tinham ali uma empresa do mesmo gênero, solicitaram da 1ª Vara Cível mandado de manutenção a favor dos seus direitos, aos quais, antes de previamente indenizados, não queriam renunciar. O juiz substituto era o dr. José Hygino Duarte Pereira, cujo preclaro merecimento luz hoje no Supremo Tribunal. Esse magistrado não hesitou em anuir à petição, fazendo expedir o mandado.[84]

Em 1887, o dr. Joaquim Barbosa Lima, juiz de direito na capital do Ceará, concedeu várias vezes o interdito *retinendæ* a consumidores de gás, prejudicados no gozo

---

83. CORDEIRO. *Formulário de todas as ações cíveis conhecidas no foro brasileiro*. 1883, p. 284.
84. O *Direito*. v. 4, p. 475.

do direito ao fornecimento desse produto pela *Ceará Gas Company,* que arbitrariamente lhos suspendera. A questão subiu até ao Conselho de Estado, e, tendo-se ali censurado o procedimento do magistrado, cuja responsabilidade foi proposta pelo relator da seção de justiça, o Imperador, conformando-se com o parecer divergente do Visconde de Paranaguá, indeferiu o recurso da companhia contra o ato do Poder Judiciário, cuja competência reconheceu.[85]

Em 1888, o juízo de direito do Recife manutenia a Silva & C. na posse do privilégio, que a Câmara Municipal lhe concedera, de numeração das casas da cidade, contra um ato presidencial, que lho anulava. Levado o assunto, por conflito de jurisdição, ao Conselho de Estado, este decidiu, com o praz-me da Princesa Imperial Regente, que o magistrado obrara de conformidade com a lei.[86]

Esses fatos judiciários são decisivos.

O direito em atividade, o direito animado, o direito em circulação, o direito atestado pelo consenso geral dos arestos, o direito formado pela usucapião imemorial da praxe, opõe-se ao romanismo desse núcleo estreito de juristas brasileiros, que supuseram petrificada e cristalizada para sempre a noção da posse na fórmula primitiva.

---

85. O *Direito.* v. 43, p. 468-78.
86. O *Direito.* v. 45, p. 443-9.

Capítulo V

Entre os jurisconsultos brasileiros, que, rompendo com quatro séculos de tradição constante, pretendem reduzir a posse jurídica, a posse tutelada pelos interditos, à esfera da propriedade corpórea e seus desmembramentos, a culminância, o cimo dos cimos, o vértice iluminado, de onde baixa a verdade, é o nome de Ribas.

A invocação é, com efeito, respeitável. Mas, na espécie, firmará o oráculo os títulos de sua autoridade?

Julguemo-lo pelas suas próprias palavras.

O trecho do escritor brasileiro, a que se abriga a fidelidade dos seus adeptos, é este:

"Cabe a ação de manutenção de posse não só no caso de turbação da posse de coisa móvel, ou imóvel, como na da quase-posse das servidões."[87]

Estão varridos, aqui, do conceito da posse os direitos pessoais e toda essa categoria multíplice de relações, a que se conveio em dar o nome de coisas incorpóreas.

Mas como autoriza Ribas a sua opinião? Com as citações seguintes, que transcreveremos *ipsis litteris,* da sua nota a essa proposição:

---

87. RIBAS. *Consolidação das Leis do Processo Civil,* art. 756, v. 2, p. 139.

"Mend., 2, *P. L.,* 4, Cap. 10, nº 22; Mello Fr., ob. cit., § 33; Almeida e Sousa, *Interd.,* §§ 95 e s.; Savigny, *Tr. da posse."*[88]

A primeira indicação aí feita é a de Mendes, *Prática lusitana,* 2. 4., cap. 10, nº 22. Mas nesse lance, já exarado neste estudo, a doutrina ensinada pelo velho praxista é *justamente o avesso* da que Ribas propugna. "Dá-se também esse interdito" (é a versão literal das suas palavras) *"em favor de* QUAISQUER DIREITOS INCORPÓREOS, *tais como os de jurisdição,* dignidade e obediência".[89]

O segundo arrimo, a que se apóia Ribas, é o de Mello Freire, de cujas *Instituições* alude ao § 33 do Liv. IV, Tít. 6º. No § 33, porém, não há nem referência indireta à manutenção de posse. Ocupa-se todo ele exclusivamente com a *nunciação de obra nova: de nuntiatione novi operis, interdicto demolitorio, quod vi aut clam.* O que Ribas teria em mente, pois, deve ser o § 30 (já transcrito em outra parte deste estudo, o único da obra de Mello Freire, onde se discorre acerca do interdito *retinendæ.* Ora, o que, no § 30, escreve o grande jurisconsulto português é: "Aplica-se o interdito de manutenção não só às coisas imóveis, a propósito das quais foi concebido, e às móveis, em cuja posse estamos, senão também a assegurar a quase-posse DOS DIREITOS QUE NOS ASSISTIREM". Não diz *ad iurium in re,* direitos reais, mas amplamente *ad iurium quæ nobis competunt quasi possessionem tuendam.*[90] Refere-se, pois, a *todos os direitos que*

---

88. *Ibidem,* not. 1.726 ao art. 756.
89. Eis o original latino: *"Item hoc interdictum etiam datur pro quibuscumque iuribus incorporalibus, veluti jurisdictionis, honoris et obsequiorum".*
90. "Interdictum retinendæ applicatur non solum ad res immobiles, de quibus fuií conceptum, et ad mobiles, quarum in possessione sumus, veluti si servum vel jumentum ducere prohibeamur, *t, un. D. utrubi,* Menoch., *de retinendæ, possessiones remed.,* II; sed etiam AD JURIUM QUAE NOBIS COMPETUNT *quasi possessionem tuendum,* quo pertinent interdicta de itinere, actuque privato, de aquæducto etc., quæ ad generale retinendæ interdictum referri debent" – FREIRE, Mello. *Institutiones juris civilis Lusitani.* Liv. IV, Tít. 6, § 30, ed. de Coimbra, 1828, v. 5, p. 8 e 9; ed. de 1866 (Coimbra), v. 4, p. 77.

nos possam competir, sem excetuar espécie nenhuma. E, se ilustra a doutrina com o exemplo de alguns direitos reais, naturalmente os de ocorrência mais comum, acaba por encerrar a enumeração com a cláusula *et coetera, e outros,* e esta deve considerar-se coextensiva ao alcance da fórmula estabelecida pelo autor, cuja redação abrange quaisquer direitos que nos couberem: *iura quæ nobis competunt.*[91]

Nem outro pensamento se poderia atribuir a Mello Freire, atendendo a que os jurisconsultos portugueses seus contemporâneos e os que o precederam, desde, pelo menos, o começo do século XVI, em que floresceu Valasco, cujas obras a Bélgica, a Itália e a Alemanha se honraram em reeditar, haviam substituído a noção romana *pela noção canônica da posse.*

Apela Ribas para Almeida e Sousa, apontando-lhe, no *Tratado dos interditos,* os §§ 95 e seguintes.

Pois bem: Almeida e Sousa, nessa parte da obra citada, com a qual já me ocupei, é a contradição mais absoluta que se poderia formular à teoria do jurista brasileiro. O praxista português, com efeito, resume ali o seu sentir, esposando o de Retes, cujas palavras reproduz. Ei-las, tiradas à letra em vulgar: "Afinal, segundo o uso forense e a crítica dos praxistas, cabe este remédio" (o de *manutenção sumaríssima*) "a respeito de todas e quaisquer coisas, corporais, ou *incorpóreas, direitos, prerrogativas, precedências, honras".*[92]

De sorte que as três primeiras citações de Ribas contêm positivamente a negação, a refutação, a condenação da sentença enunciada pelo autor que as invoca: todas afirmam o contrário do que ele sustenta. Evidentemente o ilustre professor se limitou a compilar, sem verificar a fi-

---

91. Qulquer direito que compete a nós.
92. "Denique usu fori et censura pragmaticorum competit (hoc remedium) pro quibuscumque rebus, tam corporalibus, *quani incorporalibus; iuribus, prærogativis, præcedentiis, et honoribus,* veluti præsentandi ad beneficia, suffragandi in conciliis, et aliis, etc." – Almeida e Sousa, *Interditos,* § 95, p. 70.

delidade dos escritores que trasladava. A reverência devida ao mestre e a indubitável lealdade do seu magistério não permitem explicar de outro modo a tríplice inexatidão.

Resta-lhe só o apelo ao *Tratado da Posse* de Savigny. Mas o jurisconsulto alemão, se limita a posse aos *iura in re*, é unicamente ao expor *a teoria do direito romano;* e nem eu atribuí, nem ninguém, aos romanos a ampliação dessa idéia aos direitos pessoais.

Passando, porém, a estudar as modificações operadas no direito civil pela praxe canônica, cuja influência histórica no direito português bem assinalada se acha nos escritos de Ribas, Savigny enumera os direito incorpóreos a que essa evolução estendeu os interditos, acrescentando: "Ninguém jamais pôs em dúvida que a *jurisdição ou outros direitos públicos devam ser tão protegidos contra a violência, quanto o direito de propriedade, posto que na antiga Roma nunca se cogitasse na posse de tais direitos*".[93] E, como se não bastasse, para o acautelar contra os que, confundindo o historiador com o jurisconsulto, o consideram apologista absoluto da estreiteza das idéias romanas em matéria de posse, observa que, se elas, neste assunto, não se anteciparam aos cânones, admitindo a possibilidade desta espécie de direitos, é porque aquela idade os não conhecia, mas que a extensão do direito romano a esses casos *"assenta em um desenvolvimento perfeitamente natural e racional dos seus princípios".* Com semelhante aplicação, diz ele, *"não sofreria modificação alguma a noção da posse",* e "pode ser que os próprios romanos a houvessem adaptado a esses objetos, *se os conhecessem".*[94]

---

93. "En droit canon il est très souvent question de la possession de droits diocésains et d'autres droits ecclésiastiques, ainsi que des dîmes qui en font partie, et de même *personne n'a jamais douté que la jurisdiction ou d'autres droits publics doivent être, à l'égal du droit de propriété, protégés contre la violence,* quoique dans l'ancienne Rome on n'ait jamais songé à une possession quelconque de droits semblables" – Savigny, *Traité de la possession,* § 49 (ed. fr. de 1866, p. 478).
94. "Dans quel rapport maintenant ce genre de possession se trouve-t-il avec le droit romain? Celui-ci ne peut y être appliqué directement, *car les droits en*

Ninguém ainda justificou melhor a ampliação moderna, devida ao direito canônico, da fórmula da posse aos direitos pessoais. Com a autoridade da sua profunda intuição do espírito da jurisprudência romana, a que Ihering mesmo rende caloroso preito,[95] Savigny, com efeito, vem atestar que a noção canônica da posse, extensiva a direitos pessoais e, até, a funções públicas, não desnaturava a concepção romana, antes era o seu lógico desenvolvimento.

Logo, nem Savigny sequer responde perfeitamente ao apelo de Ribas. Os outros três – Mendes, Mello Freire, Almeida e Sousa – opõem-se clara e peremptoriamente à teoria por ele advogada.

Destarte é de citações erradas, trasfegadas, sem o menor exame, de umas compilações em outras, que se tem alimentado a propagação de um erro, cuja tenacidade ignora com inconcebível escândalo toda a história do nosso direito.

Essa opinião ia-se mumificando, letra morta, entre as páginas dos livros que a sepultavam, desacreditada e repelida na praxe forense pelo uso da vida quotidiana, a que as ações de manutenção de liberdade imprimiram uma atividade, um relevo e uma elegância irresistíveis.

Não fossem os interesses atuais do poder, empenhados em uma questão de amor-próprio para o governo, a que nunca escasseiam amigos desinteressados, e não haveria, talvez, quem gastasse um dedal de tinta em advogar o desacerto, a bem de cujo triunfo se querem aniquilar tradições imemoriais da nossa jurisprudência e juízes dignos da veneração republicana.

---

question lui étaint étrangers: néanmoins, *l'extension du droit romain à ces cas repose évidemment sur un développement parfaitement naturel et logique de ces principes.* La notion de la possession *ne subit donc par là aucune modification:* elle est seulement mise en rapport *avec des objects auxquels les Romains eux-mêmes auraient pu l'appliquer, s'ils les avaient connus"* – SAVIGNY. *Traité de la possession.* § 49 (ed. fr. de 1866, p. 478).

95. IHERING, Rudolf von. *Fondement des interdits possessoires.* p. 1. Veja *Fundamento dos Interditos Possessórios.* Trad. Adherbal de Carvalho. São Paulo/Bauru: Edipro, 2007 (Clássicos Edipro).

CAPITULO V

Nada mais efêmero que um ministro. Mas essas criaturas de um dia têm, pela sua identificação transitória com o poder, o condão fácil de converter as suas passageiras veleidades em necessidades de salvação geral. E, invocada esta fórmula suprema, o tributo que se lhes rende, abafando quatro séculos de direito pátrio, imolados à vitória de um erro oportuno, não nos deve doer mais na consciência, afeita a essas considerações, do que o sacrifício de um magistrado intransigente nos seus deveres, sobre cuja cabeça os intérpretes togados da razão de Estado hajam proferido a sentença fatídica, dizendo, sem recato, nas antecâmaras dos tribunais: "É preciso inutilizar este juiz, que está criando embaraços ao governo".

Felizmente, enquanto certas devoções se esbofam em dar verniz jurídico às conveniências do Poder Executivo e às reações contra a magistratura independente, a verdade histórica repercute nas eminências mais altas do nosso foro, uma das quais, o dr. José Hygino, tem, desde 1873, voto solene na questão; outra, o conselheiro Lafayette, a cuja autoridade se quer abordoar a teoria ministerial da posse, aconselhava, ainda este ano, aos concessionários de loterias nesta capital o uso do interdito proibitório contra a violência iminente a direitos pessoais por um decreto do governo. Eis os termos da sua consulta:

"O remédio, de que podem lançar mão os donos das casas ameaçadas, é o de pedir ao juízo cível mandado proibitório, que os segure contra a violência iminente. *(Doutrina das ações,* §§ 200 e seguintes.) O dito mandado deve ser requerido contra o fiscal das loterias, a quem, segundo o mesmo decreto, compete solicitar do chefe de polícia o fechamento dos escritórios e agências, e contra o Ministério Público. A regularidade deste procedimento não pode ser contestada no domínio do direito vigente, de conformidade com o qual o Poder Judiciário tem competência expressa para 'apreciar a validade das leis e regulamentos, e deixar de aplicar aos casos ocorrentes as leis manifestamente inconstitucionais e os regulamentos manifestamente incompatíveis com as leis ou com a Constituição'. (Citada Lei nº 221, art. 13, § 10.)

"O mandado proibitório, se a parte contrária lhe opuser embargos, dará lugar à discussão regular *(Doutrina das ações,* § 201), na qual se poderão alegar as razões de ilegalidade e inconstitucionalidade do decreto, e destarte provocar a decisão do Poder Judiciário acerca da inaplicação da disposição do art. 11, do Decreto nº 1.941, ao caso ocorrente."[96]

A consulta endereçada ao eminente jurisconsulto era esta:

"1º) Pode-se pleitear a inconstitucionalidade do tributo federal sobre loterias estaduais, concedidas legalmente para a manutenção de serviços estaduais, *ex vi* do art. 10 da Constituição de 24 de fevereiro de 1891?

2º) É, ou não, contrária à liberdade de trabalho, de comércio e de indústria, a disposição do art. 11 do Decreto nº 1.941, de 17 de janeiro de 1895, dando à polícia o arbítrio de fechar escritórios comerciais de vendas de bilhetes, ou escritórios de comissões e consignações de mercadorias, sob pretexto de que tais escritórios podem aviar encomendas, fazer pedidos de bilhetes de loterias estaduais, e efetuar o pagamento dos prémios de tais bilhetes?

3º) Na hipótese de ser inconstitucional o art. 11 do Decreto nº 1.941, de 17 de janeiro de 1895, qual o remédio de direito a aplicar contra a violência, que se reputa iminente, do fechamento de escritórios comerciais por mandado da polícia?"

Dir-se-á que o interesse dos prejudicados, na hipótese, consistia em se acautelarem contra a violência das autoridades policiais, por cuja ordem se mandavam fe-

---

96. *A insconstitucionalidade do Decreto nº 1.941, de 17 de janeiro de 1895;* pareceres de jurisconsultos, Rio de Janeiro, 1896, p. 11.

char os escritórios, onde eles comerciavam. Certamente. Mas não era *nem na propriedade* dos edifícios, *nem na sua posse,* ou na de servidões civis a ela inerentes, que o atentado policial iria ferir os consultantes. O de que o arbítrio policial mirava a esbulhá-los, era o direito a exercerem certo e determinado ramo de comércio, cujas operações tinham no escritório o seu centro. O escritório constitui apenas um acidente. O objeto do mandado estava em assegurar aos comerciantes não a retenção da casa, onde comerciavam, mas a posse do direito de comerciarem. E, como este direito é pessoal, não me parece temerário, hoje, alistar o insigne jurisconsulto entre os que consideram extensiva a idéia jurídica de posse e sua defesa pelos interditos aos direitos pessoais.

Se me não engano, nesta operação não ficará o ilustre autor do *Direito das Coisas* mal acompanhado com a opinião de Felício dos Santos, que, no art. 1.297 do seu *Projeto de Código Civil,* compreende no conceito legal da posse os direitos pessoais. Eis as suas palavras:

"Se diz possuidor aquele que, com o ânimo de proprietário, detém uma coisa, *ou exerce um direito,* ou detenha a coisa *ou exerça o direito* por si, ou por outrem em seu nome. Tal detenção de coisa *ou exercício de direito se diz posse".*

Comentando esse texto, escreve o próprio autor:

"A definição do art. 1.297 *abrange a posse de todo e qualquer direito, seja pessoal* ou real. *É erro supor que só possa haver posse de direitos reais.* Assim o art. 758 fala da *posse do estado de filiação* materna. *Dessa posse resultam direitos importantíssimos, como sejam os das relações de família...*

"O art. 463 dá-nos ainda o exemplo da *posse de direito pessoal.* O devedor exonera-se, pagando ao que está *na posse do direito de credor.*

"Dizemos ainda que alguém está *na posse de sua liberdade.* E haverá direito mais pessoal?

"A definição do art. 1.297 ABRANGE AINDA A POSSE DOS OFÍCIOS E EMPREGOS PÚBLICOS. E por que não será posse, quando as leis até regulam o momento em que ela começa?

"Se diz ainda tomar *posse de uma administração, de um mandato, de uma tutela, de uma curadoria.*

"O direito canônico ainda apresenta muitos exemplos de posses de direitos puramente pessoais, posses de benefícios, etc."[97]

Abrangendo na sua definição de posse a "de todo e qualquer direito, *seja pessoal* ou real", o eminente codificador das nossas instituições civis, sobre averbar de erro "o supor que só possa haver posse de direitos reais", expressamente inclui no conceito jurídico da posse a *dos ofícios e empregos públicos,* a par da de funções de mero direito privado, como a tutela, a curatela, o mandato. Nem hesita o douto civilista em associar estas conclusões à tradição do direito canônico, rendendo assim homenagem às relações de descendência em que para com ele se acha o direito civil brasileiro.

Só os obcecados na prevenção romanista desconhecerão esta notável realidade, estudada com erudição e critério por um ilustrado professor de São Paulo, o Dr. Hyppolito de Camargo, na brochura que escreveu sobre *Manutenção de direitos.*[98] "O direito canônico", diz ele, "por um desenvolvimento racional imprimido à quase-posse, influiu verdadeiramente, foi o extraordinário fator da perfeição, a que tinha de atingir agora, no momento do direito moderno, essa notável instituição romana".[99]

Modificada por essa imensa expansão, a idéia atual da proteção possessória nas instituições nacionais pode-se condensar na fórmula em que a traduziu o douto juriscon-

---

97. SANTOS, J. Felício dos. *Projeto do Código Civil brasileiro e comentário.* 1886, t. 3, p. 20 e 22-23.
98. São Paulo, 1985.
99. *Ibidem*, p. 17.

sulto paulista: *"O mandado é procedente, quando se trata de garantir a quase-posse de um direito constituído"*.[100]

---

100. *Ibidem*, p. 20.

Impressão e
Acabamento:

T: (14) 3332.1155

PRESERVE A
NATUREZA

IMPRESSO EM
PAPEL RECICLÁVEL

Editora Associada à: